马克思主义中国化
最新理论成果十题

兰州大学马克思主义学院组织编写　总主编/张新平
全国重点马克思主义学院建设项目成果

中国特色的大国外交战略

Diplomatic Strategy of Great Powers with Chinese Characteristics

主　编　张新平

副主编　蒋海蛟

　　　　杨荣国

人民出版社

总　序

兰州大学党委书记 *(签名)*

　　一个多世纪前，马克思提出论断：问题就是时代的声音、实践的起点。马克思主义之所以具有强大的生命力、感召力和影响力，就在于它能在实践的基础上准确地把握时代本质，及时地回答时代问题，科学地拓展时代视野，正确地把握时代方向。

　　中国化的马克思主义，是马克思主义的科学理论同中国革命、建设和改革的时代特征和历史实际相结合的产物，是中国共产党人把马克思主义基本原理应用于中国所处的时代和中国的实际，在解决中国革命、建设和改革的历史进程中所面临的时代重大问题和现实问题中所形成的科学的理论体系。因此，它正确地回答了中国所面临的问题、把握了中国发展的方向。

　　马克思主义中国化，是一代又一代中国共产党人把马克思主义普遍真理同中国革命、建设和改革的实际相结合，谋求中华民族的独立和人民的解放、探寻中国革命和建设的独特道路，是实现国家富强、人民富裕和中华民族的伟大复兴，探求中国特色社会主义发展的理论探索的伟大而艰巨的过程。马克思主义中国化的历史进程，是马克思主义理论在中国应用、结合和发展的历史过程，是马克思主义理论在中国的继承、创新和发展的历史过程。

在中国共产党领导中国人民进行革命、建设和改革的波澜壮阔的历史征程中，形成了马克思主义中国化的两大理论创新成果，即毛泽东思想和中国特色社会主义理论体系，这两大理论成果都是在回答和解决中国面临的时代问题中形成的马克思主义中国化的伟大的理论结晶，是我们坚持和发展中国特色社会主义的珍贵理论武器和宝贵精神财富。

党的十八大以来，以习近平同志为核心的党中央团结和带领全国各族人民，紧紧围绕实现"两个一百年"奋斗目标和中华民族伟大复兴的中国梦，高举中国特色社会主义伟大旗帜，把不断丰富和发展的马克思主义贯彻到发展中国特色社会主义的伟大事业中，为中国特色社会主义理论体系不断谱写着崭新的理论篇章。正如习近平总书记在庆祝中国共产党成立95周年大会上的讲话中所指出的："我们要以更加宽阔的眼界审视马克思主义在当代发展的现实基础和实践需要，坚持问题导向，坚持以我们正在做的事情为中心，聆听时代声音，更加深入地推动马克思主义同当代中国发展的具体实际相结合，不断开辟21世纪马克思主义发展新境界，让当代中国马克思主义放射出更加灿烂的真理光芒。"

在党的十八大以来治国理政新的实践中，习近平总书记以非凡的理论勇气、高超的政治智慧、坚忍不拔的历史担当精神，把握时代大趋势，回答实践新要求，顺应人民新期待，围绕改革发展稳定、内政外交国防、治党治国治军发表一系列重要讲话，形成了一系列治国理政新理念新思想新战略，进一步丰富和发展了党的科学理论，为我们在新的历史起点上实现新的奋斗目标提供了基本遵循。习近平总书记系列重要讲话，内涵丰富、思想深邃、博大精深，是一个完整的科学理论体系。这一理论体系是中国特色社会主义理论体系的最新成果，是马克思主义中国化最新理论成果，是指导具有许多新的历史特点的伟大斗争的鲜活的马克思主义，是指导党和国家各项事业取得新成就、开创新局面的行动指南。

党的十八大以来党的治国理政的新理念新思想新战略科学地回答了新的历史条件下中国特色社会主义持续发展的一系列基本问题。其中实现中华民族伟大复兴是居于引领地位的宏伟奋斗目标，凝结着13亿多中国人民的共同梦想，体现了我们党在理论和实践上的伟大创造；中国特色社会主义道路是实现中华民族伟大复兴的必由之路，要在深入把握中国特色社会主义科学性和真理性的基础上，坚定中国特色社会主义道路自信、理论自信、制度自信和文化自信；统筹推进经济、政治、文化、社会、生态文明"五位一体"建设，为实现中华民族伟大复兴奠定坚实物质基础；协调推进全面建成小康社会、全面深化改革、全面依法治国、全面从严治党"四个全面"战略布局，是实现中华民族伟大复兴的重要保障；坚持以人民为中心的发展思想，牢固树立创新、协调、绿色、开放、共享的发展理念为实现更高质量、更有效率、更加公平、更可持续的发展提供了科学的价值引领；高举和平、发展、合作、共赢的旗帜，坚定不移走和平发展道路，推动构建以合作共赢为核心的新型国际关系，构建全球伙伴关系网络，打造人类命运共同体，开启中国特色大国外交新征程，为实现中华民族伟大复兴营造良好的发展环境。这些重要思想，构成了一个逻辑严密的有机整体，深刻回答了新形势下党和国家事业发展的一系列重大理论和现实问题，既坚持了马克思主义的基本理论，又结合中国特色社会主义丰富的实践进行了新的理论创新，进一步深化了我们党对共产党执政规律、社会主义建设规律、人类社会发展规律的认识，是中国革命、建设和改革的历史逻辑、理论逻辑和实践逻辑的贯通结合，升华了马克思主义发展的新境界，续写了中国特色社会主义事业新篇章。

深入学习、研究、阐发党的十八大以来马克思主义中国化理论创新的最新成果，用新的理论、新的观点、新的思想不断丰富和发展马克思主义，是当代中国社会改革发展实践和内在矛盾运动的规律所提出的时代课题，也是党在新的历史起点上从事更伟大斗争、取得更大胜利所肩负的时代使命。开展这项工作，对进一步明确中国社会发展方向，树立中国特色社会主义理论自信、道路自信、制度自信、文化自信，积极主动投身到建设中国特色社会主义伟大事业中去，实现中华民族伟大复兴无疑具有重要的现实意义。

今年下半年即将召开党的十九大，这是党和国家政治生活中的一件大事，中央号召，要为党的十九大的召开"切实做好思想理论准备工作"，这是党中央为广大理论工作者提出的光荣和重要任务。

正是基于以上的考虑，兰州大学马克思主义学院精心组织了一批甘肃省思想理论界的专家学者，在认真学习党的十八大与十八届三中、四中、五中、六中全会精神和习近平总书记系列重要讲话精神的基础上，结合各位专家的学科特长，通过多次的研讨，本着充分体现当代中国马克思主义中国化的最新成果，充分体现当代中国马克思主义中国化最新成果所贯穿的立场、观点和方法，充分体现当代中国马克思主义中国化最新成果所具有的中国特色、中国风格和中国气派的初心，本着为深入研究、阐发、宣传马克思主义中国化最新理论成果的初心和理论工作者应有责任，编写了"马克思主义中国化最新研究成果十题"丛书。

本丛书共选择了十个专题开展研究阐发，分别为：中华民族伟大复兴的中国梦；统筹推进"五位一体"总体布局；坚定中国特色社会主义的"四个自信"；全面建成小康社会；全面深化改革；全面依法治国；全面从严治党；贯彻落实五大发展理念；中国特色大国外交战略；十八大以来党的治国理政思想。丛书坚持在认真学习习近平总书记系列重要讲话精神，特别是在认真研读讲话原文的基础上，以观点介绍、内涵解析、理论传播为宗旨，分析和阐释了党的十八大以来党治国理政的新思想、新观点、新理念和新战略。力求为深刻理解马克思主义中国化的最新成果，全面把握创新发展的中国特色社会主义理论体系，积极推进马克思主义中国化最新理论成果的大众化作出努力和贡献。

2017 年 4 月 20 日

目 录

前　言

中国特色大国外交与世界的和平发展

当今世界正在发生深刻复杂变化。世界多极化与经济全球化深入发展，新兴市场国家和发展中国家整体实力不断增强，国际力量对比日益朝着相对均衡的方向发展，世界多极化的发展，推动国际体系发生深刻复杂调整；经济全球化的发展使得世界各国、各地区经济活动紧密联系、相互影响，加深了各国间的相互依存，逐步形成了"一荣俱荣，一损俱损"的命运共同体。经济全球化要求各国加强互利合作，摒弃以往的那种"你输我赢"的利益观。经济全球化和世界多极化一起深刻改变着世界，使和平、发展、合作、共赢的时代潮流更加强劲。

当今世界，在全球化多极化发展的推动之下，文化的多样化发展呈现出不同文化、文明、发展模式、思潮理念相互交流、交融、互鉴的发展趋势，这种多样化文明的存在和文明间的交流互鉴，使世界变得多姿多彩，推动着人类文明不断向前发展。当今世界，信息化成为全球经济社会发展的显著特征，并逐步向一场全方位的社会变革演进。信息技术日新月异的发展，对国际政治、经济、文化、社会、军事等领域发展产生巨大深刻影响。

同时，我们还应看到，当今世界很不安宁，人类发展依然面临着诸多难题和挑战。世界经济增长不稳定不确定因素增多，全球发展不平衡加剧。地缘政治因素更加突出，局部动荡此起彼伏，霸权主义、强权政治和新干涉主义有所上升，传统安全、非传统安全和全球性挑战不断增多，维护世界和平、促进共同发展依然任重道远。

与当今世界发生深刻复杂的变化相对应的是，改革开放近40年来，中国通过主动的国内改革和坚定的对外开放，推动着中国经济、政治、文化、社会等领域的迅速发展。经过改革开放，中国社会发生了天翻地覆地变化，综合国力显著增强，经济总量已跃居世界第二位，成为全球具有重要影响的最大新兴经济体。随着中国的变化及改革开放的深入发展，中国与世界的关系也随之发生了巨大的变化。今天的中国，已经与170多个国家和地区建立了外交关系，参加了100多个政府间国际组织，签署了300多个国际公约，与150多个国家和地区签订双边贸易协定或经济合作协定；今天的中国，已经是128个国家的最大贸易伙伴，是世界上增长最快的主要出口市场，是最被看好的主要投资目的地，是能源资源产品的主要进口国，2012年，中国对亚洲经济增长的贡献率已经超过50%，已成为推动世界经济增长的主要引擎之一。

　　一个正在深刻变革、保持持续快速发展，并且拥有 13 亿多人口的大国，将在全球事务中扮演什么样的角色，对外奉行什么样的政策，对世界产生什么样的影响？这些问题，世界在关注，中国也在思考和探索。

　　面对世界多极化、经济全球化深入发展和文化多样化、社会信息化持续推进的世界，我们应该如何应对呢？习近平总书记明确指出："要跟上时代前进步伐，就不能身体已进入 21 世纪，而脑袋还停留在过去，停留在殖民扩张的旧时代里，停留在冷战思维、零和博弈老框框内。"①

　　党的十八大以来，以习近平同志为核心的党中央顺应国内改革发展新要求和国际形势新变化，在保持中国外交大政方针稳定性和连续性的基础上，高举和平、发展、合作、共赢的旗帜，统筹国内国际两个大局，统筹发展安全两件大事，牢牢把握坚持和平发展、促进民族复兴这条主线，勇于探索，开拓创新，进一步丰富和发展了独立自主的和平外交战略思想，提出一系列重大外交理念、方针、政策，成功开展一系列外交行动，在外交理论与实践创新方面取得重要成果，开启了中国特色大国外交新征程，谱写了中国特色大国外交新篇章。具体说来，中国特色大国外交战略主要有以下内容：

　　（1）坚定不移走和平发展道路。中国坚持走和平发展道路，

---

① 《习近平谈治国理政》，外文出版社 2014 年版，第 273 页。

既是对中国优秀历史文化传统中和平思想的继承和发展，也是在总结近代以来中华民族所遭受沉重苦难的基础上，适应当今世界大势而选择的一条符合中国国情的和平之路和发展之路，和平发展道路也是中国政府一贯坚持的基本发展道路和发展战略。党的十八大以来，以习近平同志为核心的党中央进一步丰富和发展了和平发展道路的内涵，主要是：新形势下中国走好和平发展道路的关键，在于实现与世界的良性互动和互利共赢；中国坚持走和平发展道路，但决不能放弃正当权益，决不能牺牲国家核心利益；明确中国坚持走和平发展道路，其他国家也都要走和平发展道路，只有这样各国才能共同发展。习近平总书记指出："历史告诉我们，一个国家要发展繁荣，必须把握和顺应世界发展大势，反之必然会被历史抛弃。"① 当今世界潮流，就是和平、发展、合作、共赢。中国不认同"国强必霸"的陈旧逻辑。只有和平发展道路可以走得通。只有坚持走和平发展道路，只有同世界各国一道维护世界和平，中国才能实现自己的目标，才能为世界作出更大贡献。② 才能让和平的阳光永远普照人类生活的星球。

（2）推动构建新型大国关系。大国是影响世界和平发展的决定性力量，切实运筹好大国关系、构建健康稳定的大国关系框架

---

① 《习近平谈治国理政》，外文出版社 2014 年版，第 266 页。

② 《习近平谈治国理政》，外文出版社 2014 年版，第 266 页。中共中央宣传部编：《习近平总书记系列重要讲话读本（2016 年版）》，学习出版社、人民出版社 2016 年版，第 262—264 页。

至关重要。中国将积极构建以合作共赢为核心的新型大国关系。世界在变，中国在变，这种变化都赋予大国关系新的内涵。中国与世界各大国之间能否走出一条不同于"大国对抗"的新路，不仅仅涉及双边关系，更关乎人类的未来发展。历史要求中国与各大国要以负责任的态度，共同探讨建立新型大国关系，为世界和平稳定与发展繁荣作出新的更大贡献。

（3）维护周边稳定合作大局。周边是我国安身立命之所，发展繁荣之基，周边外交在我国对外关系中占有十分重要的位置，中国历届政府都十分重视周边外交。党的十八大以来，以习近平同志为核心的党中央在坚持与邻为善、以邻为伴，睦邻、安邻、富邻周边外交方针的基础上，又进一步提出了"亲、诚、惠、容"的周边外交新理念，并以此来推动中国和周边各国关系的发展。习近平总书记强调，在周边外交上要谋大势、讲战略、重运筹，把周边外交工作做得更好。①

（4）积极实施"一带一路"倡议。建设"一带一路"是党中央作出的重大战略决策，是实施新一轮扩大开放的重要举措。"一带一路"倡议是发展的倡议、合作的倡议、开放的倡议，强调的是共商、共建、共享的平等互利方式，追求的是沿线各国政策沟通、设施联通、贸易畅通、资金融通、民心相通。加快"一带一路"建设，有助于加强不同文明交流互鉴，促进世界和平发展。

---

① 中共中央宣传部编：《习近平总书记系列重要讲话读本（2016年版）》，学习出版社、人民出版社2016年版，第269—270页。

（5）构建全球伙伴关系网络。广大发展中国家是我国走和平发展道路的同路人，中国党和政府一直将加强与发展中国家的团结与合作作为我国对外政策的基本立足点。党的十八大以来，以习近平同志为核心的党中央秉承了中华优秀文化和新中国外交传统，顺应和平、发展、合作、共赢的时代潮流，提出了中国外交工作要树立正确义利观，努力做到义利兼顾，以义为先，切实加强同发展中国家的团结合作，把我国发展与广大发展中国家共同发展紧密联系起来。以"真、实、亲、诚"的理念加强中非团结合作，以"五位一体"的思路构建中拉关系新格局，以"丝绸之路精神"深化中阿战略合作关系。在此基础上，2014 中央外事工作会议上，习近平总书记又进一步提出构建合作共赢为核心的新型国际关系、构建全球伙伴关系网络的战略思想并付诸实践。

（6）打造人类命运共同体。面对全球性挑战，没有哪个国家可以置身事外、独善其身，世界各国需要以负责任的精神同舟共济、协调行动。人类生活在同一个地球村，各国相互联系、相互依存、相互合作、相互促进的程度空前加深，国际社会日益成为一个你中有我、我中有你的命运共同体。2015 年 9 月，习近平主席在 70 届联大一般性辩论讲话时强调："当今世界，各国相互依存、休戚与共。我们要继承和弘扬联合国宪章的宗旨和原则，构建以合作共赢为核心的新型国际关系，打造人类命运共同体。"[1] 打

---

[1] 中共中央宣传部编：《习近平总书记系列重要讲话读本（2016 年版）》，学习出版社、人民出版社 2016 年版，第 264 页。

造人类命运共同体，要建立平等相待、互商互谅的伙伴关系，营造公道正义、共建共享的安全格局，谋求开放创新、包容互惠的发展前景，促进和而不同、兼收并蓄的文明交流，构筑尊崇自然、绿色发展的生态体系。走出一条"对话而不对抗、结伴而不结盟"的国与国之间交往的新路。

（7）坚决维护国家核心利益。坚决维护国家的核心利益是中国外交的神圣使命。党的十八大以来，以习近平同志为核心的党中央在维护国家核心利益问题上旗帜鲜明、立场坚定。习近平总书记明确指出，要始终把坚决维护国家主权、安全、发展利益作为外交工作的基本出发点和落脚点。维护自身的领土主权和正当合理的海洋权益，是中国政府必须承担的责任。既要坚持用和平方式、谈判方式解决争端，又要做好应对各种复杂局面的准备。我们要坚持走和平发展道路，但决不能放弃我们的正当权益，决不能牺牲国家的核心利益。任何外国不要指望我们会拿自己的核心利益做交易，不要指望我们会吞下损害我国主权、安全、发展利益的苦果。中国的和平发展不会一帆风顺。我们不惹事，但也不怕事。在涉及我国核心利益的问题上，要敢于划出红线，亮明底线。随着我国和平发展进程的不断深入，维护国家利益的资源和手段将会越来越多，维护国家利益的地位也会越来越主动。①

（8）推进全球治理体系变革。习近平总书记指出："我们参与

---

① 中共中央宣传部编：《习近平总书记系列重要讲话读本（2016 年版）》，学习出版社、人民出版社 2016 年版，第 272—273 页。

全球治理的根本目的，就是服从服务于实现'两个一百年'奋斗目标、实现中华民族伟大复兴的中国梦。"①全球治理体系是由全球共建共享的，不可能由哪一个国家独自掌握，全球治理结构如何完善应该由各国共同来决定。推进全球治理体制变革并不是推倒重来，也不是另起炉灶，而是创新完善，使全球治理体制更好地反映国际格局的变化，更加平衡地反映大多数国家特别是新兴市场国家和发展中国家的意愿和利益。推动全球治理体系朝着更加公正合理方向发展，符合世界各国的普遍需求。中国作为现行国际体系的参与者、建设者、贡献者以及国际合作的倡导者，正积极努力为完善全球治理贡献中国智慧、中国力量。

总之，党的十八大以来，以习近平同志为核心的党中央致力于推进中国外交理论和实践创新。这些理论的创新成果既继承传统，又立足于当今中国和世界的现实，进一步清晰地勾勒出我国对当今世界和中国外交的战略思考轮廓，为当代国际关系注入了鲜明的中国元素，具有鲜明的中国特色、中国风格、中国气派。

中国特色大国外交具有鲜明的中国特色，它走出的是一条与传统大国不同的强国之路。它立足于中国作为发展中国家的基本国情，根植于中国坚持的中国特色社会主义道路、理论、制度；它的丰富内涵来源于博大精深的中华优秀传统文化和新中国外交实践形成的优良传统，同时坚持与时俱进，在实践中丰富发展；

---

① 中共中央宣传部编：《习近平总书记系列重要讲话读本（2016年版）》，学习出版社、人民出版社2016年版，第274页。

它秉持的理念是坚持主持公道，伸张正义，践行公平、公正、开放、合作、包容以及各国平等的观念；它高举的是和平、发展、合作、共赢的旗帜，牢牢把握坚持和平发展、促进民族复兴这条主线，契合于当今时代潮流和世界大势。在中国外交实践中不断推陈出新，不断推出新理念、采取新措施、展示新气象，使新时期中国外交更具全球视野、更富进取意识、更有开创精神。

中国特色的大国外交战略充分展示了中国的世界观、中国的理念，蕴含着中国文化的精华和智慧，体现了中国的境界、中国的责任与担当。从根本上说代表了人类共同发展的方向，是对霸权主义、单边主义、贸易保护主义的有力回击，是为未来国际新秩序构建提供的中国方案。

孔子云："可久者圣人之德，可大者圣人之业。"促进人类的和平与发展就是这样一项神圣、伟大而永久的事业，中国特色大国外交探索和推进的正是这一神圣而永久的事业。

第一章

国际形势新变化与中国特色大国外交

当今世界正处在大发展、大变革、大调整时期，国际形势正经历着自冷战结束以来最复杂、最深刻的变化，但和平与发展仍是时代主题，和平、发展、合作、共赢的时代潮流更加强劲。目前，国际形势总体上保持稳定，国际力量对比继续朝着有利于世界和平与发展的方向发展。同时，世界仍很不安宁，人类依然面临诸多难题和挑战。国际金融危机深层次影响逐步显现，世界经济下行压力持续加大，国际热点问题和局部动荡此起彼伏，大国全球和地区博弈日益激烈，非传统安全和全球性挑战不断增多，维护世界和平、促进共同发展依然任重道远。党的十八大以来，面对国际形势的深刻变化和我国发展面临的新形势新任务新要求，以习近平同志为核心的党中央把握世界发展大势，顺应时代前进潮流，高举和平、发展、合作、共赢的旗帜，统筹国内国际两个大局，统筹发展安全两件大事，牢牢把握坚持和平发展、促进民族复兴这条主线，坚决维护国家主权、安全、发展利益，坚决维护和延长我国发展的重要战略机遇期，为国内和平发展营造更加有利的国际环境、为构建以合作共赢为核心的新型国际关系作出更为积极的努力，谱写了中国特色大国外交新篇章，展现了负责任大国的道义与担当。

一、世界经济下行压力加大、发展乏力

国际金融危机爆发已过去 9 年，但世界经济复苏远不及预期。国际金融危机深层次影响逐步显现，世界经济缓慢复苏、发展乏力，世界经济格局和多边投资贸易规则酝酿深刻调整，世界经济呈现出经济增速放缓、劳动力市场不稳、债务危机加剧、国际贸易低迷、大宗商品市场活力不足等特征。世界经济格局发生的深刻变化使世界经济复苏发展的不确定、不稳定因素增多，世界经济依然存在严重的下行风险。在经济全球化深入发展的今天，无论是以美欧日为代表的发达经济体，还是以金砖国家为代表的新兴市场和发展中经济体都将不可避免地受世界总体经济形势的影响，世界各国面临的发展问题依然十分严峻。

（一）世界经济增速放缓

2008 年国际金融危机之后，无论是发达经济体还是新兴市场

和发展中经济体，经济增长速度整体上放缓。2009年底，世界经济进入了漫长的复苏期。根据国际货币基金组织（IMF）统计数据，2010年以后，世界经济增长率呈逐年下滑趋势。2012年发达经济体的增长速度仅为1.2%，相比2008年国际金融危机之前的经济增长率降低了一半甚至更多。新兴市场和发展中经济体的经济增长态势明显好于发达经济体和世界平均水平，成为世界经济复苏的助推器。但新兴市场和发展中经济体受到国际金融危机的影响也十分明显。2008年至2009年，新兴市场和发展中经济体经济增长率骤降至危机前一半。2010年，新兴市场和发展中经济体经济增长率达到了危机之后的历史最高水平7.5%，此后逐年下降，到2015年已经下降至4.0%。[①]2016年，新兴市场和发展中经济体经济增长率实现了连续五年下跌以后的首次回升。尽管如此，全球经济依然存在严重的下行风险，这主要是因为即将到来的美国货币政策正常化、欧元区持续的不稳定、地缘政治冲突的潜在溢出效应以及新兴经济体的顽固性漏洞。上述各风险因素彼此相互关联且可以形成合力，导致全球经济增长弱于预期。

（二）全球劳动力市场不稳

国际金融危机后，世界主要经济体的失业率也呈急剧上升的

---

① IMF, AFR Regional Economic Outlook ,http://www.imf.org/external/datamapper/NGDP_RPCH@WEO/OEM DC/ADVEC/WEOWORLD.

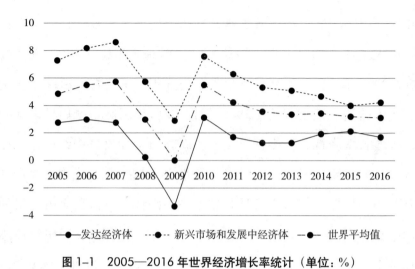

图 1-1 2005—2016 年世界经济增长率统计（单位：%）

资料来源：国际货币基金组织世界经济增长率统计，http://www.imf.org/external/
datamapper/NGDP_RPCH@WEO/OEMDC/ADVEC/WEOWORLD。

态势。到 2009 年底，随着各国不断调整就业政策、改善就业环境，各国失业率逐步下降。但是由于世界经济复苏疲软，近几年全球劳动力市场改善得十分缓慢，情况依然不容乐观。例如，美国劳动力市场在 2009 年底开始呈现持续改善的态势，到 2015 年底失业率已经下降到危机爆发初期的一半，但到 2016 年美国就业率和劳动参与率并未持续提高。法国作为欧元区的核心国家，失业率自 2008 年之后高居不下，一直维持在 9% 到 11% 之间。英国的失业率在 2008 年之后一直到 2013 年均维持在 8% 左右，直到 2014 年才呈现出下降的态势。① 日本在发达经济体中一直是失业

① IMF, World Economic Outlook, http://www.imf.org/external/datamapper/A..LUR_PT@IFS/USA/FRA/BRA.

率最低的国家，危机爆发之后日本的失业率一度上升，在对就业政策进行调整之后失业率得到了一定的下降，但日本的劳动力市场并非处于稳定持续的改善中，其失业率在一年内的不同时期会有波动，这反映出日本经济发展中仍存在着不稳定因素。新兴经济体的劳动力市场差异性较大。一方面，以中国、印度、越南为代表的新兴经济体劳动力市场一直处于比较稳定的状态，另一方面，以巴西为代表的新兴经济体劳动力市场则处于持续恶化的状态。巴西的经济在国际金融危机之后的一段时间内得到了较快的发展，失业率也在持续下降，但到 2014 年末，巴西国内爆发经济危机，GDP 在近几年一直处于负增长，失业率也在逐年提高。

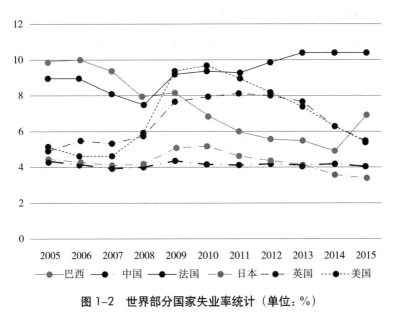

图 1-2　世界部分国家失业率统计（单位：%）

资料来源：国际货币基金组织世界各国失业率统计，http://www.imf.org/external/
datamapper/A..LUR_PT@IFS/USA/FRA/BRA。

（三）全球债务危机加剧

主权国家债务危机是目前全球较大的金融风险之一。2009 年，希腊爆发主权债务危机，政府破产，经济发展停滞，并迅速蔓延至欧元区其他国家。从 2009 年开始，希腊的 GDP 债务总值飙升至 150%，直到 2016 年仍高居不下。IMF 预测数据显示，未来几年时间里，希腊的债务水平还会持续提升，未有减缓的趋势，欧元区其他主要债务国的债务状况也将持续恶化，债务风险也将持续提高，直接影响着整个欧元区的经济稳定。此外，美国、日本作为世界主要发达经济体，债务水平也是逐年提升。2012 年，美国的 GDP 债务总值达到 102%，并持续上升。由于美国在世界经济中占有十分重要的地位，美国债务危机的长期化趋势不仅仅影响着美国国内经济的发展，同时也为世界经济带来了更多的风险和不确定性。而日本 GDP 债务总值则高居世界首位。从 2009 年开始，日本的 GDP 债务总值上升至 200%，并逐年上升，到 2016 年已达到 250%。[1] 新兴市场与发展中国家经济体的债务危机虽然没有发达经济体债务危机程度深，但其隐藏的债务风险也不容忽视。很多新兴经济体和发展中国家经济体近年来的债务水平都超过了国际警戒线，且呈逐年上升的趋势。

---

[1] IMF, Fiscal Monitor,October 2016,Government Finance, http://www.imf.org/external/datamapper/G_XWDG_G01_GDP_PT@FM/ADVEC/FM_EMG/FM_LIDC.

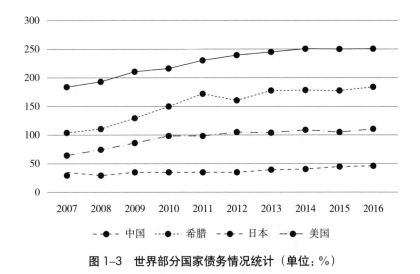

图 1-3 世界部分国家债务情况统计（单位：%）

资料来源：国际货币基金组织世界各国情况统计，http://www.imf.org/external/ datamapper/G_XWDG_G01_GDP_PT@FM/ADVEC/FM_EMG/FM_ LIDC。

（四）国际贸易持续低迷

从 2010 年开始，国际贸易在受国际金融危机影响大幅度回落之后得到了一定程度的恢复。世界贸易组织（WTO）统计数据显示，2010 年全球货物出口总额达到了 15.24 万亿美元，相较于上一年度增幅 14.5%。[①] 但 2011 年以后，国际贸易增长也呈现出了下

---

① WTO, International Trade and Market Access Data ,https://www.wto.org/english/res_ e/statis_e/statis_bis_e. htm?solution=WTO&path=/Dashboards/MAPS&file=Map. wcdf&bookmarkState={ % 22impl % 22: % 22client % 22, % 22params % 22:{ % 22lang- Param% 22:% 22en % 22}}.

行的趋势。根据 WTO 统计数据，2013 年至 2014 年，无论是发达经济体还是新兴市场和发展中经济体，货物进出口总额都在不断下滑。受此影响，国际货物出口总额从 2014 年下半年开始出现负增长，一直持续到 2015 年下半年，国际货物的出口总额同比增长率为 –15.4%，达到了近几年的最大萎缩幅度。[①] 国际贸易的持续低迷主要原因在于世界经济整体上的下行态势以及世界各国国内经济的不景气。这种持续低迷的趋势增大了去全球化倾向和贸易保护的风险，对未来世界经济的发展也增添了更多不确定性。

（五）大宗商品市场活力不足

国际大宗商品的供给一般会受到价格、投资、地缘政治和气候条件等诸多因素的影响。2008 年国际金融危机导致全球经济濒于崩溃，大宗商品市场受到严重的冲击。随着 2009 年世界经济的回暖，国际大宗商品的价格开始回升，但是仍存在着市场活力不足、发展不稳定的问题。尤其是从 2013 年开始，国际上一些主要大宗商品的价格持续下跌，导致大宗商品行业的投资和产能均出现明显的下滑。国际大宗商品市场是否充满活力，主要取决于世

---

① WTO, International Trade and Market Access Data ,https://www.wto.org/english/res_e/statis_e/statis_bis_e. htm?solution=WTO&path=/Dashboards/MAPS&file=Map. wcdf&bookmarkState={ % 22impl % 22: % 22client % 22, % 22params % 22:{ % 22lang-Param% 22:% 22en% 22}}.

界经济形势。国际金融危机之后的世界经济缓慢复苏，使得大宗
商品市场持续处于低迷状态。在今后很长的一段时间内，由于世
界经济形势不会发生太大的改善，国际大宗商品市场很难呈现出
活力。除此之外，国际大宗商品市场还容易受到其他因素的影响，
例如石油等能源型产品受到地缘政治因素的影响较大，农产品的
供应则在很大程度上受到气候条件的限制。

表 1-1　国际大宗商品价格指数统计

指标	2013 年	2014 年	2015 年	2016 年
能源	127.4	118.3	64.9	54.3
非能源	101.7	97.0	82.4	79.1
金属和矿石	90.8	84.8	66.9	59.6
农产品	106.3	102.7	89.3	88.6
食品	115.6	107.4	90.9	91.2
原材料	95.4	91.9	83.2	81.8
化肥	113.7	100.5	95.4	78.2
贵金属	115.1	101.1	90.6	97.4
原油（美元 / 桶）	104.1	96.2	50.8	43.0
黄金（美元 / 盎司）	1411	1265	1161	1250

资料来源：世界银行国际大宗商品价格指数统计，http://data.worldbank.org.cn/indicator。

二、世界大国地区及全球战略博弈加剧

国际金融危机加速了国际力量对比消长变化。美国的实力总
体上不断削弱，国际地位相对下降，但仍然是世界上唯一的超级

大国。新兴国家的实力进一步增强，正在推动国际力量对比向新的均衡方向发展。面对危机，全球各大主要力量加快内外战略调整，大国间既合作又竞争，竞相塑造"后危机时代"的国际政治经济格局。总之，国际格局正面临复杂深刻的调整，大国间利益关系错综复杂，地缘政治因素更加突出，相互竞争和博弈也更加激烈、更加全面。

（一）国际格局复杂深刻调整

首先，多极化趋势日渐明朗，国际力量对比总体"东升西降"。进入 21 世纪以来，随着世界经济发展和各国综合实力变化，"一超多强"的国际格局逐渐向多极化转变，尤其是近年来，多极化趋势日渐明朗，超级大国和多个强国的实力差距相对缩小。然而，国际格局多极化是不均衡的。2008 年国际金融危机使美国实力总体上不断削弱，国际地位相对下降，但其世界超级大国的地位在较长时间内不会动摇。欧盟和日本面临着欧债危机、难民危机、恐怖袭击、社会福利包袱沉重、人口老龄化等多重挑战，在世界经济和全球发展中的地位和影响力有所下降，但仍是国际格局中的重要一极。与此同时，21 世纪以来，中国、俄罗斯等新兴国家经济发展势头强劲，在国际社会发挥着日益重要的作用，其他发展中国家也集中精力发展经济并取得较大进展，国际总体力量对比呈现"东升西降"发展趋势。

其次，"黑天鹅"现象频发，引发国际形势诸多变数。21世纪伊始，国际政治"黑天鹅"现象便不断涌现，一定程度上改变了国际形势的发展轨迹，促使国际关系深刻调整，给世界发展带来诸多不确定性。2001年"9·11"事件后，美国将恐怖主义列为自己最主要的威胁，转而与中国、俄罗斯改善关系，大国间紧张关系得以暂时缓和。2008年美国次贷危机引发了全球的金融海啸，对世界经济造成重创，并进一步引起了欧债危机的爆发，世界各国实力对比再次调整。肇始于2010年底的"阿拉伯之春"引发了中东地区持续战乱，"三股势力"趁势崛起。2016年则被称为"黑天鹅元年"，英国"脱欧"公投成功，造成欧洲金融市场混乱，是否引起"脱欧"的连锁反应尚需观察；强调"美国优先"原则的特普朗当选美国总统，其内外政策调整的外溢效应将牵动国际关系深度变化与重组。

最后，全球化进程出现减缓现象，逆全球化趋势增强。全球化促使世界各国能源、资金、技术、人才等要素相互流通，推动了世界经济的快速发展，形成了国家间相互依赖的国际体系。但是，近年来全球化进程开始减缓，由德国邮政敦豪集团发布的全球连通性指数（对跨境贸易流、资本流、信息流和人员流的综合衡量）表明，全球连接的紧密程度在降低，说明全球化趋势的减缓。而且，在全球化趋势减缓的同时逆全球化趋势正在增强。一些发达国家开始重视国内问题，本土主义日益兴起，如特朗普在美国大选中获胜，其本身就是民粹主义的胜利；意大利"五星运动"积极主张"脱欧",倡导国家主义，获得大量民众支持。此外，民粹主义风潮冲击欧洲，反全球化、反精英等理念在欧洲重获发展，反移民政党开始崛起。凡此种种使得本土主义、国家主义强化，由此形成一股"逆全球化"的内向氛围，国际体系存在重新转向封闭的迹象。

（二）世界大国战略竞逐日趋激烈

进入 21 世纪以来，国际格局多极化趋势日渐明朗，国际力量对比出现新变化，随着科技革命的不断升级和知识创新的不断涌现，世界大国利用最新成果提升综合国力、增强国际影响力的战略竞逐日趋激烈。

从经济层面来看，随着中国成为世界第二大经济体，巴西、印度进入世界前十大经济体，世界经济重心开始向非西方国家转移，亚太地区成为世界经济新的增长点。经济实力对比的巨大变化引起了西方大国的恐慌，世界主要大国围绕经济实力展开激烈博弈。例如，国际金融危机之后，美国联合西方国家对俄罗斯和中国展开了猛烈的经济攻势，一方面以克里米亚危机为由对俄罗斯采取严厉经济制裁、压低国际油价，导致俄罗斯经济持续下滑；另一方面对中国则设置贸易壁垒、开展反倾销调查，在一定程度上影响了中美贸易的持续、稳定发展。

从军事层面来看，安全困境导致全球军备竞赛异常突出。首先，核威胁依然存在，核不扩散问题依旧严峻。经过多方长期反复博弈之后，持续多年的伊朗核问题终于在 2015 年达成协议，而在金正恩上台之后，朝核问题则呈现出愈演愈烈的趋势。其次，美俄重启核军备竞赛，亚洲成为武器进口最多的地区。欧美制裁虽然给俄罗斯造成极大困境，但俄罗斯在核武器上的投入反而有所加大，针对俄罗斯的举动，美国也将核打击问题提上日程，如何强化北约核力量成为北约的重要议题。此外，印度、韩国、新加坡等亚洲各国近年来纷纷加大了武器进口。日本也逐渐打破二战后对其的束缚，大力发展军事力量。最后，网络安全正成为世界各大国军事较量新的关注焦点，为争夺新的战略边疆，网络空间博弈日趋激烈。

从国际政治影响力层面来看，世界大国在国际政治影响力方面的竞逐实际上是对国际事务话语权和全球势力范围的争夺。一方面，各大国利用自身综合实力，努力增强在国际社会各个领域的话语权。美国虽然相对实力下降，但仍努力维持其世界霸权地位，领导北约制裁、遏制俄罗斯，与亚太国家建立双边关系同盟牵制中国发展。中国则充分利用其经济优势，发展与各国友好关系，提出"一带一路"倡议、倡导建立亚洲基础设施投资银行、设立丝路基金等，以扩大国际影响力，争取更多国际话语权。日本也积极争做全球政治大国，极力推动联合国安理会改革朝有利于自身的方向发展。另一方面，各大国围绕战略要地展开博弈，争夺势力范围。苏联解体后，中亚纷纷成立主权国家，美国提出涵盖南亚、中亚地区的"新丝绸之路"战略，试图将中亚纳入自己的势力范围，从而进一步挤压俄罗斯的战略空间；而作为传统势力范围，俄罗斯绝不允许其他国家插手中亚事务。为此，普京上台后利用与原独联体国家的传统关系，稳步推进"欧亚经济共同体""欧亚联盟"建设，力求恢复在中亚的绝对影响力。

世界大国除了在经济、军事和政治影响力方面的竞逐之外，高科技、文化影响力、国民教育、政府决策力和执行力等领域均已成为其竞逐的平台，并且各领域之间相互交叉，使得大国战略博弈纷繁复杂、日趋激烈。

（三）世界大国国际规则争夺升级

国际规则的主导权和制定权也是世界大国战略博弈的重要内容。世界大国国际规则争夺主要围绕经贸金融规则、国际安全体制改革以及全球治理规则展开。

第一，经贸金融规则主导权之争。在国际经贸领域，WTO 框架下的多边贸易谈判受阻，以自由贸易区（FTA）为代表的多边和区域性贸易安排在全球迅速增加，各类贸易谈判的议题重点均涉及新的制度和规则的制定，代表了未来国际贸易谈判的发展方向。为此，以美国为代表的西方发达国家与以中国为代表的新兴国家展开了未来新规则的攻守之争。美国为维护在世界经济事务中的主导权，近年来一直努力推动横跨两洋的"跨太平洋伙伴关系协定"(TPP)^①和"跨大西洋贸易与投资伙伴协定"(TTIP)谈判，确立新的规则体系，并将中国排斥在外。而中国为适应经济全球化的发展趋势，提出了以周边以及友好国家和地区为基础的FTA战略，与多个国家签订了自由贸易协定，形成了面向全球的FTA网络。其中，中韩、中澳自由贸易协定的正式生效，将促进"区域全面经济伙伴关系"(RCEP)谈判进程，有力推动亚太地区经济贸易合作的进一步整合。此外，新兴市场国家在补充和完善全球经济治理秩序上愈加主动，使得国际金融机制创新加强，各方持续推动世界银行、国际货币基金组织等进行改革，同时亚洲基础设施投资银行、金砖国家新开发银行等新的金融机制不断涌现，地区性金融安排加快推行。

第二，国际安全体制改革主导权之争。国际安全体制改革主导权之争主要体现在联合国安理会改革以及核裁军与核不扩散问题上。联合国安理会改革的核心是安理会常任理事国席位及否决权问题。联合国成立70年来，国际力量对比和国际关系格局已发生重大变化，国际社会面临许多新的挑战和威胁，联合国改革势在必行。对于安理会常任理事国席位问题，以日、德为代表的二战后重新崛起的战败国中的发达国家，急于通过"入常"彻底甩掉历史包袱，图谋在国际体系中东山再起。以印度、巴西为代表的部分新兴大国，急于通过"入常"获取政治大国身份。中国支

---

① 特朗普就任美国总统后于2017年1月23日签署行政命令正式宣布美国退出TPP。美国退出后，TPP陷入停摆状态，其前景有待进一步观察。

持联合国改革，但主张改革应是全方位的，不应简单化为安理会改革或安理会"扩常"。而对于安理会改革中的限制否决权问题，五大常任理事国立场不一，法、英两国主张在某些议题上不得使用否决权，即部分限制；俄罗斯反对限制否决权，中、美两国并未明确表态，但就自身实践来看，亦反对限制否决权。① 此外，自二战结束以来，世界核大国在核裁军与核不扩散领域取得了一定进展，但由于各国家立场不一，使得核军控努力一波三折。美国一直致力于核不扩散事业，但美国国会至今仍未批准《全面禁止核试验条约》。俄罗斯的核武库规模仅次于美国，在美俄核裁军新条约谈判中，俄罗斯坚持将核裁军与东欧反导问题挂钩，以反对美国在欧洲部署反导系统。② 中国主张全面禁止和彻底销毁核武器，坚决反对核武器扩散，积极推进和平利用核能进程，切实加强核安全。③ 而在谋求伊朗放弃核武器问题上，美国主张军事打击和多边制裁，俄罗斯的目的则在于消除或减小外部压力可能对伊朗造成的侵害。为此，美、俄两国进行了多轮博弈，直到 2015 年伊朗核协议签订。

第三，全球治理规则制定权之争。全球治理规则制定权之争

---

① 《联合国安理会改革："五常"的否决权或将受限？》，2016 年 10 月 6 日，见 http://news.youth.cn/gj/201610/t20161006_8717957.htm。

② 《综述：美俄核裁军新条约的博弈之路》，2010 年 4 月 7 日，见 http://news.xinhuanet.com/world/2010-04/07/c_1220474_2.htm。

③ 《资料：国际核不扩散及核裁军问题》，2014 年 3 月 21 日，见 http://world.huanqiu.com/hot/2014-03/4920712_2.htm。

突出体现在网络空间和气候问题上。当今世界网络安全威胁问题
日益突出，并日益向政治、经济、文化、社会、生态、国防等领
域传导渗透，成为世界各国面临的普遍问题。因此，世界各大国
以本国网络空间力量为基础，围绕网络空间规则制定展开了激烈
博弈。由于互联网络兴起于美国，美国掌握着大部分网络域名和
地址的管理权，因而目前各大国与美国的网络博弈主要是争夺域
名和地址的管理权，打破美国在互联网领域的霸主地位以及在标
准制定方面的垄断。例如，2014 年 2 月，德国总理默克尔与时任
法国总统奥朗德在巴黎会晤时专门提出要建设独立的欧洲互联网，
取代当前由美国主导的互联网基础设施。与此同时，全球气候变
化问题已成为人类迄今为止面临的规模最大、范围最广、影响最
为深远的挑战之一，也是影响未来世界经济和社会发展、重构全
球政治经济格局的最重要因素之一，气候问题的利益冲突正在演
变为激烈的国际博弈。由于各国利益无法统一，因此从 1992 年
的《联合国气候变化框架公约》到 1997 年的《京都议定书》，再
到 2007 年的"巴厘路线图"和 2016 年签署的《巴黎协定》，世界
各国应对全球气候变暖之路十分曲折。2009 年哥本哈根世界气候
大会上，为占领道德制高点，西方大国纷纷承诺本国的减排目标，
最终却并未切实落实；在讨论各国应承担的责任时，美国有意让
中国承担更多的减排责任，但最终落空。2016 年 11 月 4 日，《巴
黎协定》正式生效，然而围绕如何落实《巴黎协定》，各方就如何
明确发达国家对发展中国家的资金、技术和能力建设支持及资金

支持应当如何核算等一些技术细节仍存在分歧。总的来说，《巴黎协定》是世界各国合作进行全球治理的重要成果，但是大国间的博弈始终贯穿其中，也为协定的落实带来诸多不确定性。

（四）世界大国全球热点博弈加剧

世界大国在各个领域展开较量的同时，利用其强大的经济、政治、军事实力在全球热点问题上展开了全方位博弈，以维护各自国家利益、实现对外战略目标，这些全球热点问题主要包括叙利亚问题、乌克兰危机、朝核问题以及南海问题。

一是叙利亚问题。叙利亚问题起初只是叙利亚民众要求政府扩大民主、惩治腐败的反政府示威活动，但在西方大国的煽动和支持下，迅速演变为政府军与反对派之间持续的武装斗争。美国就是其中最积极的大国势力。叙利亚危机伊始，美国便号召西方国家一致要求叙利亚销毁化学武器、反对巴沙尔政权，并为反政府团体提供武器装备和资金支持等。欧盟出于能源安全、人权问题以及与美国传统盟友关系的考虑，在干涉叙利亚问题上采取积极态度，要求巴沙尔下台、实施对叙制裁。阿盟为增强在阿拉伯世界中的话语权，也积极参与到这一过程中。俄罗斯则是巴沙尔政权的支持者，主张通过政治谈判解决叙利亚问题，并呼吁国际社会达成共识。2013 年叙利亚"化武"危机使叙利亚走向欧美武力干预的边缘，而俄罗斯从中积极协调，倡导政治解决，使得叙利亚"化武"危机出现戏剧性转折，避免了欧美的武装干预。2015 年 10 月，俄罗斯突然出兵叙利亚，为叙利亚政府军提供空袭援助。中国秉持不干涉内政的原则，在叙利亚问题上积极发挥负责任大国的作用，主张全面、持久解决叙利亚危机应推进政治进程、合力反恐、缓解人道局势"三轨并进"。①

二是乌克兰危机。乌克兰危机表面上是其国内亲欧派与亲俄派势力的敌对，实际上则是欧盟东扩、北约东扩与俄罗斯维护其传统势力范围之间的较量。欧美国家与俄罗斯以乌克兰为争夺对象，在三个方面展开了激烈的博弈。在意识形态方面，欧美国家利用自身掌握的话语权及在民主、自由、人权上的道德制高点，对乌克兰和俄罗斯进行指责，并向乌克兰输入西方价值和人权标准。对于欧美国家的人权双重标准，俄罗斯进行了强烈的抨击；在地缘政治上，欧美极力拉拢乌克兰，支持乌克兰西部亲欧势力，挤压俄罗斯的战略生存空间。为维护国家安全、顺应民意，俄罗斯果断接纳克里米亚入俄，并在西部边境部署战略导弹；在地缘经济方面，克里米亚危机之后，美欧国家相继对俄罗斯采取了持续的经济制裁，压低国际石油价格，使俄罗斯经济受到重创。为此，俄罗斯声称"转向亚洲"，发展与中国等亚太国家的关系，拓展其国际生存空间。乌克兰危机使俄罗斯与欧美关系步入僵局，俄罗斯从而在西方世界中被孤立出来，客观上促进了中俄关系的

---

① 复旦大学中国与周边国家关系研究中心编：《中国周边外交学刊 2016 第一辑（总第三辑）》，社会科学文献出版社 2016 年版，第 151—152 页。

深化。中国在乌克兰危机中采取了等距离外交策略，希望各方寻求政治和外交途径解决危机。

三是朝核问题。朝核问题持续二十余年，严重违背了核不扩散原则，威胁了朝鲜半岛、东北亚乃至全球的和平与稳定。围绕朝核问题，相关国家通过举办六方会谈、形成联合国决议等方式以推动实现朝鲜弃核的共同目标。但因各国利益和主张不一，使得朝核问题久拖不决，反而愈演愈烈。朝核问题的本质是美朝矛盾，美国将朝鲜视为"无赖国家"，始终认为受到朝鲜的安全威胁。在奥巴马执政期间，美国主张对朝采取严格的制裁措施，甚至在联合国框架内提出武力威胁的解决方案，并将解决朝核问题的主要责任推向中国。日本和韩国在对朝政策上基本追随美国，主张对之进行严厉制裁。不同于美日韩，中俄共同主张和平解决朝核问题，呼吁各方重回六方会谈，其所有解决方案都应保证朝鲜的无核地位、有关国家的安全及整个东北亚地区的和平与稳定。

四是南海问题。由于丰富的自然资源和独特的地缘位置，南海成为亚太国家关注的焦点，不仅东南亚国家提出主权要求，而且引发美、日、印等大国干涉，中国建设海洋强国、维护领土主权完整和国家安全面临着巨大挑战。具体来说，美国一方面通过"亚太再平衡"战略，加强与亚太盟友的关系，构建对中国的包围岛链，强化在南海地区的军事存在；另一方面鼓动南海诸岛主权争端主要声索国对中国采取强硬态度，并以"航行自由"为借口干预南海争端，多次派军舰进入我国南沙群岛12海里以内，俨然忽视中国的岛礁主权。而日本、印度紧随其后，使南海局势更趋复杂。南海作为中国领土不可分割的一部分，在当代具有更加重要的战略意义。对于美国"亚太再平衡"战略以及相关大国在南海问题上的战略搅局，中国主张"亚洲的事归根到底要靠亚洲人民办"，应在东盟和中国框架内解决南海问题。为切实维护南海主权、保护国家安全，中国近年来在南海建设人工岛屿，并取得重大进展。南海问题涉及南海周边多国，但中美关系才是南海问题中的最主要关系，在落实《南海各方行为宣言》的同时，积极构建中美新型大国关系才是解决南海问题的主要着力点。

三、非传统安全与全球性挑战日益增多

进入 21 世纪，国际安全威胁的综合度、复杂度、风险度与应对难度进一步加大。其中，以大规模杀伤性武器扩散、恐怖主义、网络安全、生物危机、能源安全、生态环境为代表的非传统安全问题日益凸显，对世界各国的生存与经济社会可持续发展提出了新的挑战。

（一）核恐怖威胁

所谓核恐怖危胁是指以非法获取核技术与产品为主要工具、

为实现一定政治目的而有意制造核恐怖的一种行为。目前，国际的核安全局势虽然总体上比较平稳，但是个别国家与地区核安全局势非常紧张。许多国家和组织试图开发和获取核武器、核技术、核材料、核装置等，核安全威胁依然存在。2015 年 7 月 14 日，伊朗核问题妥善解决，在一定程度上缓解了核安全问题所造成的威胁。然而，2016 年 1 月 6 日，朝鲜不顾国际社会反对，宣布其核弹试爆成功，又使国际社会弥漫起了一层核阴云，为此，2016 年 3 月 2 日，联合国安理会以少有的全票一致通过对朝鲜发布了迄今为止最严厉的制裁。除了核安全问题，核恐怖主义对国际社会带来的安全威胁更加突出。由于核武器在不断朝着小型化、轻量化的方向发展，恐怖组织通过国际黑市贸易获取核技术、核原料乃至核武器的概率大幅增加。

（二）恐怖主义威胁

恐怖主义是指通过暴力、破坏、恐吓等手段，制造社会恐慌、危害公共安全、侵犯人身财产安全，或者胁迫国家机关、国际组织，以实现其政治、意识形态等目的的主张和行为。恐怖主义在目前已经成为人类的一种"普遍性恐怖"。"基地"组织被消灭后，国际恐怖主义在很长一段时间处于低潮，但是随着"阿拉伯之春"所导致的中东变局，恐怖主义在近几年来明显有抬头趋势，网络化、组织化与规模化特征日益凸显，恐怖活动发生的频率也逐年上升，全球恐怖主义并没有出现预期的下降。据统计，2014 年全年全球共发生近 13500 起恐怖袭击事件，造成近 33000 人死亡，34700 人受伤。恐怖袭击数量较 2013 年增加了 35%，袭击致死率增加了 81%。其中有超过 60% 的袭击发生在伊拉克、巴基斯坦、阿富汗、印度和尼日利亚这 5 个恐怖主义活动"重灾区"。[①]当前来看，"伊斯兰国"（ISIS）极端组织成已为是国际社会所面临的最为严峻的恐怖威胁，其利用叙利亚内战和伊拉克教派冲突的机会迅速壮大，分支遍布中东和东南亚。"伊斯兰国"采取暴力、叛乱与常规军事手段相结合的方式，制造恐怖袭击、屠杀异教徒和平民、暗杀政治对手以及训练外国恐怖分子，对地区与全球安全构成了严重威胁。

（三）网络安全威胁

随着互联网技术的快速发展，网络安全问题也成为现阶段国际社会所面临的重要非传统安全威胁之一。网络安全问题是指某些国家、国际组织、机构或个人针对网络系统或重要的网络信息所发起的攻击或盗取。近年来，网络安全问题因为其特殊性和新颖性，逐渐被国际社会开始广泛关注，较之于其他类型的非传统

---

① NBCNews,"State Department: 35 Percent Increase in Terrorist Attacks Worldwide," Jun. 19 2015,http://www. nbcnews.com/news/us-news/state-dept-35-percent-increase-terrorist-attacks-worldwide-n378416.

安全问题，网络安全有着隐蔽性和扩散性的新特点。尤其是 2013 年"棱镜门"事件的发生，使得网络空间的安全问题被提升到了一个前所未有的高度，各国开始将网络安全问题作为国家安全的重点问题进行关注。2016 年 4 月，习近平总书记在主持召开网络安全和信息化工作座谈会时提出："要树立正确的网络安全观，加快构建关键信息基础安全保障体系，全天候全方位感知网络安全态势，增强网络安全防御能力和威慑能力。"①互联网不仅是维护国家"第五种主权"的场所，也是全球防恐的前线与重要战场。网络技术的快速发展，使得恐怖主义也开始借用网络的力量扩展自己的影响力。恐怖组织利用互联网隐蔽性强、成本低、传播效率高、信息发布广等新的特征开展有关恐怖主义的网络传播。通过社交平台或者通信软件来发展队伍、传递恐怖主义思想以及策划与实施恐怖主义活动。其中，最具代表性的就是"伊斯兰国"，其通过脸谱（Facebook）以及推特（Twitter）等新兴网络社交平台，从世界各地大肆招募成员，催生了大量"本土恐怖主义分子"以及"独狼"式恐怖袭击的发生。

（四）生物恐怖威胁

生物恐怖威胁是指利用致病生物制剂伤害无辜、寻求制造恐

---

① 《习近平在网络安全和信息化工作座谈会上的讲话》，2016 年 4 月 26 日，见 http://news.xinhuanet.com/newmedia/2016-04/26/c_135312437.html。

怖以求达到某种政治目的的行为。由于生物武器造价低廉、技术难度不大、研制隐蔽性强，几乎可以在任何地方研制和生产，因此也被称为"穷人的原子弹"。目前，世界上可能用于生物武器的主要病毒有 25 种，细菌有 13 种。尽管有许多细菌、病毒都可以被恐怖分子用于罪恶目的，但危险性、毒性最大，传染性最强的仍然是鼠疫、天花和炭疽。而生物武器尤其是基因武器由于具有成本低廉、隐蔽性强等许多传统武器所不具备的特点，因而难以针对性地进行防治。而随着生物技术的不断发展，现在已经能够做到针对特定的群体或者对象进行感染，因此更容易引发群体性的社会恐慌与国家动荡。目前，世界上已有 165 个国家签署了《禁止生物武器公约》，该公约要求禁止发展、生产、储存和使用攻击性生物武器。其中包括结核、天花、霍乱、炭疽、埃博拉等多种攻击性微生物的生物战剂。但是，随着恐怖主义的全球蔓延，生物恐怖威胁依然是全球最大的安全威胁之一。

（五）能源资源枯竭威胁

能源资源是指在目前社会经济技术条件下能够为人类提供大量能量的物质和自然过程，包括煤炭、石油、天然气、风、河流、海流、潮汐、草木燃料及太阳辐射等。能源资源是经济社会发展的基础。自工业时代开始以来，世界经济高速增长的过程中始终伴随着巨大的能源资源消耗。进入 21 世纪以来，人类对能源资源的需求不断增长，世界能源资源有限性和经济增长无限性的矛盾日益突出，人类对能源资源的巨大需求和消费使我们面临能源资源耗竭的风险。据统计，目前人类所需能源中78%为地下化石资源（包括石油、煤、天然气），以今天的消耗速度仅够使用不到200年。而随着世界人口的不断增加，能源资源紧缺的时期将会提前到来。因此，能源资源安全已不再是一个将来的话题，而是关系到人类的可持续发展，关系到人类子孙后代的命运。能源资源问题也将成为未来国际冲突和动乱的重要原因。

（六）生态环境威胁

随着世界各国工业化进程的加快，人类面临的环境问题也随之凸显。气候变暖、极端天气、气候异常和生态环境退化等现象表明生态环境恶化已经成为了全球重要的非传统安全威胁。联合国相关报告显示，全球每年因地震、洪水、干旱和龙卷风等天灾造成的经济损失平均已达2500亿—3000亿美元。此外，因生态环境恶化而产生的自然灾害较之于其他非传统安全问题破坏性更大、危害程度更深。尤其是对一些极不发达国家而言，这些自然灾害往往是致命且彻底的。一旦发生严重的自然灾害，这些极不发达国家不但经济上会遭受重大损失，而且很有可能发生国家动荡甚至直接进入无政府状态，并随之出现大规模的难民问题和公共卫生安全问题。

当然，非传统安全问题并不仅仅局限于上述这几种，海上航行安全问题、难民问题、太空安全问题、人口安全问题、粮食安全问题等都属于非传统安全问题的范畴。面对一系列新的全球性挑战，任何一国都无力解决这些问题，客观上要求各国加强合作、协调行动。

四、和平、发展、合作、共赢成为时代潮流

当今世界正在发生深刻复杂变化，但和平与发展仍是时代主题，和平、发展、合作、共赢的时代潮流更加强劲。国际体系和国际秩序深度调整，一大批新兴市场国家和发展中国家走上发展的快车道，十几亿、几十亿人口正在加速走向现代化，多个发展中心在世界各地区逐渐形成，国际力量对比继续朝着有利于世界和平与发展的方向发展。此外，科技革命不断深入，新的经济增长点不断涌现，全球化进程深入推进，世界各国相互依赖的状态已经形成。保持国际形势总体稳定、促进各国共同发展具备更多有利条件，和平与发展的时代主题不会改变。

同时，世界仍很不安宁，人类依然面临诸多难题和挑战。国际金融危机影响深远，世界经济增长不稳定不确定因素增多，全球发展不平衡加剧。地缘政治因素更加突出，局部动荡此起彼伏，霸权主义、强权政治和新干涉主义有所上升，非传统安全和全球

性挑战不断增多，维护世界和平、促进共同发展依然任重道远。①

纵观近代民族国家体系形成以来的世界历史，国际社会既历经了热战与冷战的洗礼，也见证了发展与进步的潮流，既经受了对立与冲突的煎熬，也分享了沟通与融合的硕果，探索建立和平、公正、稳定的国际关系模式，实现世界和平和共同发展，始终是各国孜孜以求的目标。②习近平指出："要跟上时代前进步伐，就不能身体已经进入 21 世纪，而脑袋还停留在过去，停留在殖民扩张的旧时代里，停留在冷战思维、零和博弈的老框框内。"③面对世界多极化、经济全球化深入发展和文化多样化、社会信息化持续推进，今天的人类比以往任何时候都更有条件朝和平与发展的目标迈进，而合作共赢就是实现这一目标的现实途径。习近平强调："坚持合作共赢，'合则强，孤则弱'，合作共赢应该成为各国处理国际事务的基本政策取向。合作共赢是普遍适用的原则，不仅适用于经济领域，而且适用于政治、安全、文化等其他领域。"④

世界各国应该共同推动建立以合作共赢为核心的新型国际关系，各国人民应该一起来维护世界和平、促进共同发展。各国和

---

① 中共中央宣传部编：《习近平总书记系列重要讲话读本（2016 年版）》，学习出版社、人民出版社 2016 年版，第 260—261 页。

② 王毅：《构建以合作共赢为核心的新型国际关系——对"21 世纪国际关系向何处去"的中国答案》，《学习时报》2016 年 6 月 20 日。

③ 习近平：《积极树立亚洲安全观 共创安全合作新局面——在亚洲相互协作与信任措施会议第四次峰会上的讲话》，《人民日报》2014 年 5 月 22 日。

④ 习近平：《弘扬和平共处五项原则 建设合作共赢美好世界——在和平共处五项原则发表 60 周年纪念大会上的讲话》，《人民日报》2014 年 6 月 29 日。

各国人民应该共同享受尊严、共同享受发展成果、共同享受安全保障。要坚持国家不分大小、强弱、贫富一律平等，尊重各国人民自主选择发展道路的权利，反对干涉别国内政，维护国际公平正义。各国要共同维护世界和平，以和平促进发展，以发展巩固和平。每个国家在谋求自身发展的同时，要积极促进其他各国共同发展。不能把世界长期发展建立在一批国家越来越富裕而另一批国家却长期贫穷落后的基础之上。各国要同心协力，妥善应对各种问题和挑战，共同变压力为动力、化危机为生机，谋求合作安全、集体安全、共同安全，以合作取代对抗，以共赢取代独占。中国是维护世界和平、促进共同发展的重要力量，是国际社会可以信赖的伙伴和朋友。中国将高举和平、发展、合作、共赢的旗帜，加强同各国人民友好往来，扩大同世界各国利益交汇点，为促进人类和平与发展的崇高事业作出积极贡献。[①]

五、中国外交更加开拓进取、主动有为

当今世界是一个变革的世界，是一个新机遇新挑战层出不穷的世界，是一个国际体系和国际秩序深度调整的世界，是一个国际力量对比深刻变化并朝着有利于和平与发展方向变化的世界。

---

① 中共中央宣传部编：《习近平总书记系列重要讲话读本（2016 年版）》，学习出版社、人民出版社 2016 年版，第 261—262 页。

中国与世界的关系正在发生深刻变化，我国同国际社会的互联互动也已变得空前紧密，我国对世界的依靠、对国际事务的参与在不断加深，世界对我国的依靠、对我国的影响也在不断加深。目前，我国已经进入了实现中华民族伟大复兴的关键阶段。观察和规划改革发展，必须统筹考虑和综合运用国际国内两个市场、国际国内两种资源、国际国内两类规则。国际形势、中国与世界关系以及国内经济社会的发展变化要求中国主动做出回应，推动对外工作理论与实践创新，以更加积极主动的姿态，更多地参与到全球事务当中，开展具有鲜明中国特色、中国风格、中国气派的大国外交，为我国和平发展营造更加有利的国际环境，为实现"两个一百年"奋斗目标、实现中华民族伟大复兴的中国梦提供有力保障，为世界和平发展提供中国方案、贡献中国智慧。

党的十八大以来，面对国际形势的深刻变化和我国发展面临的新形势新任务新要求，以习近平同志为核心的党中央，高举和平、发展、合作、共赢的旗帜，统筹国内国际两个大局，统筹发展安全两件大事，牢牢把握坚持和平发展、促进民族复兴这条主线，在保持外交大政方针连续性和稳定性的基础上，主动谋划，努力进取，开启了中国特色大国外交新征程，谱写了中国特色大国外交新篇章：(1)坚定不移走和平发展道路。坚持走和平发展道路，是中国根据时代发展潮流和国家根本利益作出的战略抉择。习近平指出，只有坚持走和平发展道路，只有同世界各国一道维护世界和平，中国才能实现自己的目标，才能为世界作出更大贡献。① 中国坚定不移走和平发展道路，并且希望世界各国共同走和平发展道路，让和平的阳光永远普照人类生活的星球。（2）推动构建新型大国关系。大国是影响世界和平的决定性力量，切实运筹好大国关系、构建健康稳定的大国关系框架至关重要。中国致力于推动中美、中俄、中欧新型大国关系的构建，将为世界和平稳定与发展繁荣作出新的更大贡献。（3）维护周边稳定合作大局。周边是我国安身立命之所，发展繁荣之基。习近平强调，要谋大势、讲战略、重运筹，把周边外交工作做得更好。② 我国周边外交的基本方针，就是坚持与邻为善、以邻为伴，坚持睦邻、安邻、富邻，突出体现"亲、诚、惠、容"的理念，全面深化同周边国家的互利合作和互联互通。（4）积极实施"一带一路"倡议。建设"一带一路"是党中央作出的重大战略决策，是实施新一轮扩大开放的重要举措。"一带一路"倡议是发展的倡议、合作的倡议、开放的倡议，强调的是共商、共建、共享的平等互利方式，追求的是沿线各国政策沟通、设施联通、贸易畅通、资金融通、民心相通。加快"一带一路"建设，有助于加强不同文明交流互鉴，促进世界和平发展。（5）构建全球伙伴关系网络。广大发展中国家是我国走和平发展道路的同路人。我国坚持正确义利观，努力

---

① 中共中央宣传部编：《习近平总书记系列重要讲话读本（2016 年版）》，学习出版社、人民出版社 2016 年版，第 262—264 页。

② 中共中央宣传部编：《习近平总书记系列重要讲话读本（2016 年版）》，学习出版社、人民出版社 2016 年版，第 269—270 页。

做到义利兼顾，以义为先，切实加强同发展中国家的团结合作，把我国发展与广大发展中国家共同发展紧密联系起来。（6）打造人类命运共同体。人类生活在同一个地球村，各国相互联系、相互依存、相互合作、相互促进的程度空前加深，国际社会日益成为一个你中有我、我中有你的命运共同体。中国继承和弘扬联合国宪章的宗旨和原则，积极构建以合作共赢为核心的新型国际关系，通过迈向亚洲命运共同体，推动建设人类命运共同体。（7）坚决维护国家核心利益。坚决维护国家的核心利益是中国外交的神圣使命，坚决维护国家主权、安全、发展利益是我国外交工作的基本出发点和落脚点。中国在维护国家独立和主权、捍卫民族尊严上的立场是一贯的，任何外国不要指望我们会拿自己的核心利益做交易，不要指望我们会吞下损害我国主权、安全、发展利益的苦果。（8）推进全球治理体系变革。全球治理体系是由全球共建共享的，不可能由哪一个国家独自掌握，全球治理结构如何完善应该由各国共同来决定。推动全球治理体系朝着更加公正合理方向发展，符合世界各国的普遍需求。中国作为现行国际体系的参与者、建设者、贡献者以及国际合作的倡导者，积极努力为完善全球治理贡献中国智慧、中国力量。

第二章

坚定不移走和平发展道路

　　中国的和平发展道路是人类追求文明进步的一条全新道路，是中国现代化建设的必由之路，是实现"两个一百年"奋斗目标、实现中华民族伟大复兴中国梦至为关键的战略步骤。习近平指出，中华民族伟大复兴的中国梦与世界各国人民追求和平与发展的美好梦想相通，是和平、发展、合作、共赢的梦。尽管当今世界仍存在诸多不稳定不确定的因素，人类还面临许多严峻挑战，但从大局、主流、根本趋势看，和平与发展仍然是时代主题，求和平、谋发展、促合作已经成为不可阻挡的时代潮流。当今中国虽正处在历史上发展最为快速、变革最为深刻的新时期，但是人口多、底子薄、发展不平衡的基本国情没有改变，人民日益增长的物质文化需要同落后的社会生产之间的矛盾没有变，发展依然是中国的第一要务。这就要求中国顺应时代潮流，始终不渝走和平发展道路。

一、中国和平发展道路的提出与发展

进入 21 世纪以来，我们党深入研究历史经验教训，把握当今时代潮流，明确提出中国将始终不渝坚持和平发展，决不会走历史上大国依靠侵略和扩张实现崛起的老路，而将坚定致力于探索一条以和平方式实现国家发展和民族复兴的新路。坚持走和平发展道路不仅写入党的十七大、十八大报告，而且载入了中国共产党党章。

（一）中国和平发展道路的形成与发展

中国和平发展道路是中国特色社会主义的理论宣示，是中国对内对外的总体战略方针。对内求发展、对外促和平的和平发展战略最初被称为"和平崛起"战略，是郑必坚于 2003 年 10 月在博鳌亚洲论坛上首先提出的。2003 年 12 月 10 日，温家宝出访美国时，在哈佛大学发表了题为《把目光投向中国》的演讲，第一次全面、系统阐述了"中国和平崛起"的战略思想。他指出，今天的中国，是一个改革开放与和平崛起的大国，是一个愿意为世界的和平与发展负责任的国家。2003 年 12 月 26 日，胡锦涛在《在纪念毛泽东诞辰 110 周年大会的讲话》中，重申中国要坚持走和平崛起的发展道路。鉴于"崛起"在东西方文化中歧义，引起了国际上不必要的误解，2004 年下半年以后开始以和平发展代替了和平崛起。

2004 年 8 月，胡锦涛在《在纪念邓小平诞辰 100 周年纪念大会上的讲话》中提出"坚持走和平发展道路"。2005 年 11 月，胡锦涛访问英国时发表讲话，全面阐述了中国和平发展道路的要义。2005 年 12 月，中华人民共和国国务院新闻办公室发表《中国的和平发展道路》白皮书，详细阐述了和平发展道路的内涵、特征。2007 年 10 月，胡锦涛在党的十七大报告中明确提出："中国将始终不渝走和平发展道路。这是中国政府和人民根据时代发展潮流和自身根本利益作出的战略抉择。"[1] 自此，和平发展战略从萌芽到成熟、到完善，成为我国当前及今后较长时期内奉行的国际战略与外交方针。2011 年 9 月 6 日，国务院新闻办公室发表《中国的和平发展》白皮书，再次向世界郑重宣告，和平发展是中国实现现代化和富民强国、为世界文明进步作出更大贡献的战略抉择。

（二）中国和平发展道路的丰富和完善

党的十八大胜利召开不久，习近平提出实现中华民族伟大复兴的中国梦这一重要理念，并在中央政治局集体学习等场合多次就走和平发展道路作出重要论述，进一步丰富了和平发展的思想。习近平明确指出，中国梦与和平发展道路的内在要求是一致的，中国梦是我们的崇高目标，和平发展道路是实现这一目标的唯一

---

[1]　胡锦涛：《中国将始终不渝走和平发展道路》，2007 年 10 月 15 日，见 http://cpc.people.com.cn/GB/104019/104098/6378980.html。

正确途径。2013 年初，十八届中共中央政治局聚焦于坚定不移走和平发展道路这一主题开展集体学习。习近平就和平发展道路的内涵、选择和平发展道路的根本原因、如何实现和平发展、怎样坚持和平发展等问题进行专门的阐述，系统地回答了中国的发展道路"是什么""为什么""如何做""怎样坚持"等一系列基本问题。习近平强调，走和平发展道路，是我们党根据时代发展潮流和我国根本利益作出的战略抉择。实现我们的奋斗目标，必须有和平的国际环境。没有和平，中国和世界都不可能顺利发展；没有发展，中国和世界也不可能持久和平。在对国际形势作出新的研判的基础上，习近平大力倡导和平发展、合作共赢的理念，着力构建合作共赢的新型大国关系，以"亲、诚、惠、容"理念全面推进周边外交，并坚持正确的义利观，加强与发展中国家务实合作，同时积极开展多边外交、在国际事务中更加主动发挥建设性作用。在坚定不移走和平发展道路的同时，习近平强调要坚守底线，坚决捍卫国家核心利益；强调只有各国都走和平发展道路，各国才能共同发展，国与国才能和平相处。"这些新思想、新主张、新举措坚持了继承与发展相结合、理论与实际相联系的原则；表明了中国始终不渝走和平发展道路，与世界各国良性互动，合作共赢的决心。"①"坚持不忘初心、继续前进，就要始终不渝走和平

---

① 中共中央文献研究室《中国特色社会主义和平发展道路》课题组：《和平、发展、合作、共赢的中国梦——十八大以来中国特色社会主义和平发展道路的新进展》，《党的文献》2016 年第 1 期。

发展道路，始终不渝奉行互利共赢的开放战略，加强同各国的友好往来，同各国人民一道，不断把人类和平与发展的崇高事业推向前进。"习近平在庆祝中国共产党成立 95 周年大会上的重要讲话，再次重申了中国走和平发展道路的一贯立场。

中国和平发展道路自提出以来，从理论到实践都有了很大的发展。"通过政治、经济、军事、文化、外交等方面的实践，中国和平发展道路实现了历史性超越，为中国自身的发展与世界的和平繁荣作出了贡献。"[①]中国致力于有效应对国际金融危机，积极参与应对危机的国际合作，在拉动世界经济复苏、合作应对全球性挑战中发挥重要作用，已成为全球经济治理新机制的重要成员。中国坚定不移走和平发展道路，主张各国牢固树立人类命运共同体意识，推动建立以合作共赢为核心的新型国际关系，共建和平、和谐、繁荣的世界。

二、中国和平发展道路的基本内涵

过去三十多年，经过艰辛努力，中国走出了一条既适合中国国情、又适合时代特征的和平发展道路。中国坚持走和平发展道路，既是对中国历史文化传统中和平思想的继承和发展，也是在

---

① 肖晞：《中国和平发展道路的双重意义》，2015 年 12 月 4 日，见 http://www.cssn.cn/zzx/gjzzx_zzx/201512/t20151204_2742523.shtml。

总结近代以来中华民族所遭受沉重苦难的基础上，而选择的一条符合中国国情的和平之路和发展之路。中国之所以会选择走和平发展道路还有一个更具体的目标，即实现中华民族伟大复兴的中国梦。党的十八大以来，以习近平同志为总书记的党中央站在新的历史起点上，准确把握国内国际两个大局的新特点、新变化，审时度势，对我国当前对外工作提出了一系列新思想，向世界宣示了中国外交的新主张，展示了外交工作的新举措，使中国特色社会主义和平发展道路取得了新的进展。

和平发展道路的基本内涵归结起来就是：要坚持开放的发展、合作的发展、共赢的发展，既通过争取和平的国际环境发展自己，又以自身的发展和壮大来促进和维护世界的和平。寻求和扩大各方共同利益的交汇点和结合点，各国应该共同推动建立以合作共赢为核心的国际关系，各国人民应该一起来维护世界和平、促进共同发展。到 21 世纪中叶，中国作为一个社会主义国家，在和平与发展为主题的时代条件下，决心走一条既符合中国国情又适应时代特征，同经济全球化相联系又独立自主地建设中国特色社会主义，在维护世界和平中来发展自己、又以自身的发展来促进世界和平的发展之路。

具体说来，中国和平发展道路新的内涵表现在以下三个方面：

一是强调了中国和平发展与世界和平发展之间的互动关系。习近平总书记强调，实现和平发展就是要坚持开放的发展、合作的发展、共赢的发展，通过争取和平国际环境发展自己，又以自身发展维护和促进世界和平，从而实现中国发展与世界和平之间形成良性互动。我们的和平发展道路来之不易，我们要始终高举和平的旗帜，永远不称霸、永远不搞扩张。"两个一百年"的奋斗目标与中国梦的实现，必须有和平国际环境。没有和平，中国和世界都不可能顺利发展；没有发展，中国和世界也不可能有持久和平。习近平指出："世界繁荣稳定是中国的机遇，中国发展也是世界的机遇。和平发展道路能不能走得通，很大程度上要看我们能不能把世界的机遇转变为中国的机遇，把中国的机遇转变为世界的机遇，在中国与世界各国良性互动、互利共赢中开拓前进。"①

　　二是强调了实现和平发展的底线思维。2013 年 1 月 28 日，习近平主持中央政治局集体学习时强调："我们要坚持走和平发展道路，但决不能放弃我们的正当权益，决不能牺牲国家核心利益。""任何外国不要指望我们会拿自己的核心利益做交易，不要指望我们会吞下损害我国主权、安全、发展利益的苦果。"习近平对和平发展道路的最大贡献在于提出了底线思维和底线原则，那就是决不能牺牲国家的核心利益。这里有两个关键词，第一个是"核心利益"不能牺牲，第二个是"苦果"决不能吞。因此，必须引导国际社会正确认识和对待我国的发展，中国发展绝不以牺牲别国利益为代价，中国绝不做损人利己、以邻为壑的事情，将坚定不移做和平发展的实践者、共同发展的推动者、多边贸易

---

① 《习近平谈治国理政》，外文出版社 2014 年版，第 248 页。

体制的维护者、全球经济治理的参与者。随着中国力量的快速崛起，中国发展的外部环境日益复杂和严峻。面对新的形势，习近平坚定地指出，走和平发展道路是我们党根据时代发展潮流和我国根本利益作出的战略抉择。要加强战略思维，增强战略定力。

三是强调了要积极引导世界各国共同走和平发展道路。习近平指出，中国走和平发展道路，其他国家也要走和平发展道路，只有各国都走和平发展道路，世界才能共同发展，国与国才能和平相处。2015 年 9 月，习近平在联合国发展峰会上倡导"共同走出一条公平、开放、全面、创新的发展之路，努力实现各国共同发展"。进一步让世界看到，中国高举和平、发展、合作、共赢的旗帜，真诚推动各国共同走和平发展道路，彰显中国特色、中国风格、中国气派。

简言之，"中国走和平发展道路，针对西方政治军事结盟的不良现象，我们坚持实行不结盟政策，并希望结盟国家进一步摒弃一切形式的冷战思维，着眼时代发展潮流，真正树立起利益共同体意识，在共同发展中寻求各方利益的最大公约数，构建更富有包容性和建设性的民主型国际关系。"[1]"这条道路的出发点在于，积极争取和平的国际环境发展自己，同时又以自身的发展促进世界和平。""走和平发展道路，就是要把中国国内发展与对外开放统一起来，把中国的发展与世界的发展联系起来，把中国人民的

---

[1] 程恩富、朱炳元:《论习近平关于和平发展的外交思想与实践》,《高校马克思主义理论研究》2016 年第 3 期。

根本利益与世界人民的共同利益结合起来。"①"这条道路的落脚点在于，通过和平方式实现民族振兴，同时又带动其他国家共同繁荣。和平发展道路是一条和平与发展相互依存、内政与外交有机统一、本国利益与人类共同利益密切结合的新型发展道路，是国际关系史上一大创举，也是人类社会发展的一大进步。"②

三、中国和平发展道路的科学依据

习近平在中法建交 50 周年纪念大会上的演讲中强调，中国梦是追求和平的梦。中国梦需要和平，只有和平才能实现梦想。中国人民珍惜和平，希望同世界各国一道共谋和平、共护和平、共享和平。只有充分认识走和平发展道路的科学依据，才能为实现中国梦营造良好的国际环境，才能更好地走好、走稳和平发展道路。

（一）中国社会制度和文化传统的必然要求

我国是社会主义国家，代表的是先进的社会制度和执政理念。

---

① 《〈中国的和平发展道路〉白皮书》，2005 年 12 月 22 日，见 http://news.xinhuanet.com/politics/2005-12/22/content_3954937.htm。

② 王毅：《坚定不移走和平发展道路　为实现民族复兴中国梦营造良好国际环境》，《国际问题研究》2014 年第 1 期。

对内要追求公平正义、共同富裕、社会和谐；对外要主持公道、捍卫公理、伸张正义。我们决不能像过去的西方列强那样崇尚丛林法则，必须反对任何形式的霸权主义。邓小平早就指出："我们搞的是有中国特色的社会主义，是不断发展社会生产力的社会主义，是主张和平的社会主义。"[①] 习近平说："只有社会主义才能救中国，只有中国特色社会主义才能发展中国。只有高举中国特色社会主义伟大旗帜，我们才能团结带领全党全国各族人民，在中国共产党成立 100 年时全面建成小康社会，在新中国成立 100 年时建成富强民主文明和谐的社会主义现代化国家，赢得中国人民和中华民族更加幸福美好的未来。"[②] 新中国成立以来，不论国际风云如何变幻，独立自主、爱好和平，始终是中国外交的两大本质特征，不仅构成了我国对外政策的基石，也使中国能够站在国际公理和道义的制高点上。

中国走和平发展道路既是中国特色社会主义制度的重要特征，也彰显中华传统文化的优秀理念。"中国文化自古就认为世界应是一个和谐整体，这个观念深深影响了中华民族的思想和行为，成为中国人处理人与人、人与自然乃至国与国关系的重要价值观。"[③] 中华民族传承几千年的仁者爱人的人本精神、亲仁善邻的

---

① 《邓小平文选》第三卷，人民出版社 1993 年版，第 328 页。

② 《习近平谈治国理政》，外文出版社 2014 年版，第 7 页。

③ 《〈中国的和平发展〉白皮书》，2011 年 9 月 6 日，见 http://www.gov.cn/jrzg/2011-09/06/content_1941204.htm。

和平志向、以和为贵的和谐理念等，都为我们今天走和平发展道路提供了重要支撑。当年的丝绸之路就是一条和平之路，一条致力于共同发展的纽带。英国哲学家罗素说过，中国人天性是喜好和平的。德国前总理施密特认为，中国是世界历史上最爱好和平的大国。走和平发展道路是中华传统文化脉络的自然延续，也是中国人民从近代以后的苦难遭遇中得出的必然结论。习近平指出："一个民族最深沉的精神追求，一定要在其薪火相传的民族精神中来进行基因测序。有着 5000 多年历史的中华文明，始终崇尚和平，和平、和睦、和谐的追求深深植根于中华民族的精神世界之中，深深溶化在中国人民的血脉之中。中国自古就提出了'国虽大，好战必亡'的箴言。"① 习近平的这一段话，从根本上阐述了中国今天坚持走和平发展道路的历史基因。

（二）中国自身发展的必然选择

中国已经成为世界第二大经济体，并且正在逐步成长为世界强国。但同时必须清醒地认识到，我们现在仍然是一个发展中国家，人均收入水平排在世界 80 多位，还有几千万人生活在贫困线以下，发展不平衡、不协调、不可持续的现象十分突出。要让 13 亿中国人过上幸福生活，我们还有很长的路要走。习近平十分形

---

① 《习近平谈治国理政》，外文出版社 2014 年版，第 265 页。

象地说:"同样一桌饭,即使再丰盛,8个人吃和80个人吃、800个人吃是完全不一样的。我们深知,在相当长时期内,中国仍然是世界上最大的发展中国家,提高13亿多人的生活水平和质量需要我们付出艰苦的努力。中国要聚精会神搞建设,需要两个基本条件,一个是和谐稳定的国内环境,一个是和平安宁的国际环境。"① 因此,发展经济、改善民生,始终是一项长期而艰巨的任务,是我们党治国理政的第一要务。要加快发展,就需要有一个更为和平稳定的国际环境,就需要我们率先坚持并践行和平发展,其他国家则会感受到中国的发展是和平友好的,不是扩张掠夺;是互利共赢的,不是零和博弈。我们的发展将会越来越为国际社会所接受和欢迎,发展的环境会越来越好,发展的阻力会越来越小。"中国需要和平,就像人需要空气一样,就像万物生长需要阳光一样。只有坚持走和平发展道路,只有同世界各国一道维护世界和平,中国才能实现自己的目标,才能为世界作出更大的贡献。"②

(三) 世界局势发展的必然要求

当前,经济全球化和社会信息化正在深刻改变我们生存的世界,改变人类的日常生活。地球越来越小,世界越来越平,国与国之间的联系越来越紧密。经济全球化使国家之间的利益依存度

---

① 《习近平谈治国理政》,外文出版社2014年版,第265—266页。

② 《习近平谈治国理政》,外文出版社2014年版,第266页。

空前加深。随着商品、信息、货币、人才等生产要素在全球的加速流动，国家之间的依存度不断增强，形成了你中有我、我中有你的人类命运共同体。同样是百年一遇的大危机，20 世纪 30 年代大萧条冲击的只是美欧日，对中国、对广大亚非拉国家的影响并不直接。始于 2008 年的国际金融危机则席卷了全球，无一国能够幸免，无一隅可以偏安，人类社会的全球化达到了前所未有的广度和深度。同时，人类面临的共同安全问题日益突出。

霸权主义、强权政治、新干涉主义有所上升，恐怖主义和极端组织不断蔓延，粮食安全、能源资源安全、网络安全、环境和气候安全、公共卫生安全、金融安全等全球性难题不断涌现，单打独斗已经无法解决这些全球性问题，只有各国携手合作，才能共同应对。

党的十八大报告指出："人类只有一个地球，各国共处一个世界。历史昭示我们，弱肉强食不是人类共存之道，穷兵黩武无法带来美好世界。要和平不要战争，要发展不要贫穷，要合作不要对抗，推动建设持久和平、共同繁荣的和谐世界，是各国人民共同愿望。"[①] 在这一世界潮流面前，那种你兴我衰、你得我失的零和博弈观念已经不合时宜，和平、发展、合作、共赢已经成为大势所趋、人心所向的历史潮流。中国走和平发展道路，正是对这一时代潮流的深刻理解和正确把握。习近平指出："当今世界，殖民

---

① 中共中央文献研究室：《十八大以来重要文献选编》（上），中央文献出版社 2014 年版，第 36 页。

主义、霸权主义的老路还能走得通吗？答案是否定的。不仅走不通，而且一定会碰得头破血流。只有和平发展道路可以走得通。所以，中国将坚定不移走和平发展道路。"[1]

四、中国和平发展道路的推进思路

毋庸置疑，和平发展的道路越往前走，我们积累的经验就越丰富，同时遇到的问题和挑战也会越多。我们要坚定战略信心，保持战略耐心，汇聚全国各族人民的合力，排除各种干扰，坚持把和平发展道路走稳、走好。

（一）增强坚持走中国和平发展道路的全球共识

如何培养和增进国际社会对中国走和平发展道路的全球共识，并以此打消其他国家和地区对中国发展的疑虑，这是中国走和平发展道路亟待解决的问题。

第一，中国应通过各种途径和方式宣传自身的和平发展道路，重点是将中国的战略意图和战略目标准确无误地传达给国际社会，从而提升中国公共外交的水平。中国始终是在坚持走和平

---

[1] 《习近平谈治国理政》，外文出版社2014年版，第266页。

发展道路，中国对世界和平与发展的贡献也是有目共睹的，但中国的和平发展为何始终遭到质疑和非议，这确实值得我们深思。众所周知，观念的改变并非易事，改变一个政治家或是学者的观念更是难上加难。对此，中国的对外宣传工作一方面要做到持久性，充分利用国外的主流媒体宣传中国的外交理念和战略目标、解释自身的行为的原因和目的，使更多的人认识中国、理解中国；另一方面，中国的对外宣传工作要更加注重宣传的实用性和有效性，在充分了解其他国家和地区文化的基础上，通过使用受众习惯的语言和表达方式表述中国的发展理念和外交方针，让交流无障碍地进行。

第二，中国要积极参与全球治理，主动承担力所能及的国际责任和义务，充分树立中国负责任大国的形象。一个国家的国际地位和话语权总是与其所承担的国际责任和义务对等。古话说得好：听其言，观其行。国际社会在关注中国舆论宣传工作的同时，更加看重的是中国实际的行动。没有实实在在的行动作为支撑，对外舆论宣传工作做得再好，也不过是镜花水月似的虚幻，国际社会是不会认同和接受的。"全球治理"这一概念的兴起源自于众多全球性的问题和议题超出一国能够治理的能力，需要国际社会的许多国家和地区通过联合与合作共同加以解决。它的兴起为中国展示负责任大国形象的诉求提供了契机，从原理的角度分析，中国走和平发展道路的目标之一便是实现和谐世界，而和谐世界的出现恰恰离不开日渐兴盛的全球治理。因此，中国要把握历史机遇，积极参与全球治理，与其他国家和地区通力合作共同解决全球性问题，并在此过程中主动承担自身能力范围内的责任和义务。只有通过实际的行动来践行和平发展道路的理念和目标，中国才能真正赢得国际社会的信任和支持，并从根本上消除国际社会对中国战略意图的误解。

第三，中国要进一步扩大民间外交的规模并提升民间外交的水平，让更多的外国人能够认识和了解一个真实的中国。外国人了解中国，最主要的渠道无非是通过本国媒体对中国的报道，而这些报道往往充斥着偏激和不实，这极大地损害了中国的形象。加之中国的独特的社会制度和传统文化，使得国际社会对中国的认同和接受变得更加困难重重。正因为如此，中国要更加积极主动地推动交流与合作的开展，只有通过交流与合作，才能消除分歧，形成共识。而在众多的交流形式中，民间外交无疑是最直观和最有效的方式，它作为一种非官方性质的交流形式，不仅是对政府间官方交流的重要补充。通过民间外交，外国人可以对中国形成最直观和最真实的印象。通过各种形式的民间交流，让更多的外国人来中国参观、旅游、留学、工作、生活、投资，外国人才能真实地感受中国的发展对世界繁荣与稳定的贡献，才能真正了解中国的发展目标和战略意图。同时民间外交也要"走出去"，让更多的外国人了解中国的制度、文化、发展理念和战略目标。

（二）更好统筹国内国际两个大局

把国内和国际形势联系起来全面分析、通盘考虑，历来是制定正确路线方针政策的重要方法。走和平发展道路，中国就必须统筹好国内国际两个大局。这就要求中国必须从维护和发展国家根本利益这一战略高度出发，高举和平、发展、合作的伟大旗帜，始终不渝地坚定奉行互利共赢的开放战略，处理好中国与外部世界的互动关系，并持续地致力于和谐世界的构建。

中国反复公开向全世界宣示要走和平发展道路，但是在错综复杂的国际形势下，中国怎样走和平发展道路？中国的和平发展道路是否能够走得通？对此，习近平认为，只要我们以邓小平理论、"三个代表"重要思想、科学发展观为指导，加强战略思维、增强战略定力，更好统筹国内国际两个大局，坚持开放的发展、合作的发展、共赢的发展，通过争取和平的国际环境来发展自己，又以自身的发展维护和促进世界和平，不断提高我国综合国力，不断让广大人民群众享受到和平发展带来的利益，我们就可以不断夯实和平发展的物质基础和社会基础。世界多极化、经济全球化、文化多元化不仅为世界各国的繁荣提供了重要的机遇，而且也深化了中国人民的利益与世界各国人民的利益之间的内在联系。要和平不要战争，要合作不要对抗，要发展不要倒退，已经成为不可抗拒的时代潮流。中国的和平发展也是世界的机遇。一个坚持走和平发展道路、不断发展壮大的中国是维护世界和平的坚定力量，随着中国现代化建设的顺利推进和中国梦的实现，中国将成为维护世界和平的中流砥柱。中国的发展是世界的机遇，世界的稳定也是中国的机遇。习近平以深邃的战略眼光阐述了中国发展与世界和平之间的内在联系："和平发展道路能不能走得通，很大程度上要看我们能不能把世界的机遇转变为中国的机遇，把中国的机遇转变为世界的机遇，在中国与世界各国良性互动、互利共赢中开拓前进。我们要坚持从我国实际出发，坚定不移走自己的路，同时我们要树立世界眼光，更好把国内发展与对外开放统一起来，把中国发展与世界发展联系起来，把中国人民利益同各国人民共同利益结合起来，不断扩大同各国的互利合作，以更加积极的姿态参与国际事务，共同应对全球性挑战，努力为全球发展作出贡献。"①习近平的这一段话，深刻地阐述了统筹国内国际两个大局与中国和世界和平发展的内在联系，为中国坚持走和平发展道路指明了方向。

（三）进一步清晰外交战略布局

进一步优化外交战略布局，是中国走和平发展道路的应有之义，这不仅可以为中国走和平发展道路提供良好的国际环境，而且可以极大地提高中国外交抗风险和应对突发情况的能力。

---

① 《习近平谈治国理政》，外文出版社 2014 年版，第 248—249 页。

一是推动构建新型大国关系。所谓大国，是指在国际体系中拥有重大影响力的国家。因此大国关系是中国外交的主线，与大国关系的稳定是中国外交整体趋于稳定的核心保证。大国是影响世界和平的决定性力量。"大国关系好不好，直接关系到我们的和平发展之路能否走得通。"①大国之间建设性的相互依存，是全球政治和经济稳定的重要基础。大国之间应致力于建立平等的战略合作伙伴关系，认可对方在全球事务中扮演的不可或缺的角色。那种认为新兴大国必然挑战和颠覆传统大国的观念背离时代潮流，冷战背景下形成的同盟关系也已失去继续存在的理由。新兴大国不争霸，传统大国不称霸，各个国家都应多释放善意、少释放敌意，彼此尊重对方的核心利益。任何国家都不应把其他国家看作潜在甚至现实的"战略对手"，以对立、排斥甚至敌视的立场判断对方的实力增长和发展趋势，并对其采取防范、制衡、遏制等举措。大国之间共同利益远大于分歧，应尊重和照顾彼此的重大利益和关切，淡化和减少分歧。大国应共同致力于维持和建立各种全球性、地区性国际机制，为相互合作提供多领域、多层次、多渠道的沟通平台；不断完善和创新国际规则，努力为人类社会提供更多的公共产品，包括和平稳定的国际环境、共同繁荣的发展前景、互利合作的伙伴关系。应清醒认识到大国对立和冲突的加剧可能带来的灾难性后果，理性看待和妥善处理彼此间的矛盾和

---

① 王毅：《坚定不移走和平发展道路　为实现民族复兴中国梦营造良好国际环境》，《国际问题研究》2014 年第 1 期。

分歧。通过各国的共同努力,把一时难以解决的矛盾和分歧控制在一定的范围、空间和程度上;保持密切沟通和良好互动,保证相互间能够在出现分歧和突发事件时及时了解对方的真实意图,防止误读和误判,避免大国关系大局偏离正常轨道。

二是构筑与周边国家和地区的稳定外交关系。构筑与周边国家和地区的稳定外交关系是中国外交布局的基础性工作。中国是世界上周边环境最复杂的大国,同14个陆地邻国接壤,与6个国家隔海相望,此外还有9个虽然不接壤但属于近邻的国家。这些国家之间在历史文化、民族宗教、政治制度、发展水平等各方面都存在很大差异。"国际上一些对中国走和平发展道路持怀疑态度的人,往往把中国如何处理与周边国家的复杂关系当作检验我国和平发展诚意的试金石。"① 就目前的实际情况来看,中国同周边国家的关系总体趋于稳定,但稳定中又隐藏着众多挑战和危险,尤其是与中国存在主权和领土纠纷的周边国家,这种挑战和危险完全具备成为战争导火索的可能。因此,如何在矛盾和分歧中寻求共识,如何建立一套完善的"周边危机管理机制",成为中国处理周边外交的核心任务。

三是深化与广大发展中国家的团结合作,构建全球伙伴关系网络。从历史上看,中国与广大发展中国家保持了良好的外交关系,发展中国家曾经对中国给予了充分的政治支持,这份难得的

① 王毅:《坚定不移走和平发展道路 为实现民族复兴中国梦营造良好国际环境》,《国际问题研究》2014年第1期。

政治友谊并不多见。现如今，中国已经成长为世界上最大的发展中国家，积极拓深与广大发展中国家的合作与友谊，并引领广大发展中国家走向更高程度的团结和统一，对中国走和平发展道路具有重大的现实意义。第一，发展中国家有着丰富的资源和广阔的市场前景，这是中国经济得以持续和平增长的重要动力；第二，发展中国家在世界国际社会中占据绝对多数，取得广大发展中国家对中国和平发展的信任和支持无疑为中国的和平发展构筑了深厚的认同与合法性基础，使得中国的和平发展在世界上拥有更大的政治舆论优势；第三，中国作为最大的发展中国家，与广大发展中国家的政治诉求和发展诉求存在着众多的交汇点，这种力量如果能够实现有效的整合，必将推动国际秩序朝着更加公平、公正和民主的方向发展，并能有效地遏制霸权主义和强权政治，这无疑为中国的和平发展提供了坚强的国际制度保证。因此可以说，广大发展中国家是中国外交现阶段能够"有所作为"的重要领域，中国要把握这一机遇，做广大发展中国家的引领者。"广大发展中国家是我国走和平发展道路的同路人。新形势下，我们要积极践行正确义利观，随着国力的增强，进一步增加对发展中国家特别是最不发达国家的援助，深入挖掘与发展中国家开展互利合作的新机遇，探索合作的新方式，切实帮助他们实现自主发展和可持续发展。这样才能不断夯实我国和平发展的牢固基础。"① 在 2014

---

① 王毅：《坚定不移走和平发展道路　为实现民族复兴中国梦营造良好国际环境》，《国际问题研究》2014 年第 1 期。

年 11 月 29 日结束的中央外事工作会议上，习近平总书记提出"要在坚持不结盟原则的前提下广交朋友，形成遍布全球的伙伴关系网络"，重申了中国对外关系发展要用合作共赢的全球伙伴关系来构建新型国际关系，实现我们的朋友遍天下的重要任务。近几年，中国提升了与许多国家和地区的伙伴关系，努力构建新型国际关系，为其他国家做出了榜样。

四是坚决维护国家利益。中国走和平发展道路的信心和决心一以贯之、坚定不移，但和平发展不等于放弃我们的正当权益，不等于牺牲国家的核心利益。中国捍卫自己核心利益的信念坚如磐石，不可动摇。习近平在主持中共中央政治局第三次集体学习时的讲话中强调："我们要坚持走和平发展道路，但决不能放弃我们的正当权益，决不能牺牲国家核心利益。任何外国不要指望我们会拿自己的核心利益做交易，不要指望我们会吞下损害我国主权、安全、发展利益的苦果。中国走和平发展道路，其他国家也都要走和平发展道路，只有各国都走和平发展道路，各国才能共同发展，国与国才能和平相处。"①这不仅反映了中国维护自己国家核心利益的坚定决心，而且对国家核心利益的概念进行了明确的界定。国家核心利益包括国家主权、国家安全和国家发展利益。中国坚定走和平发展道路，但是绝不会以损害自己的主权、安全和发展利益为代价，其他国家在这个问题上要有清醒的认识，不

---

① 习近平：《更好统筹国内国际两个大局 夯实和平发展道路的基础》，《人民日报》2013 年 1 月 30 日。

要心存侥幸，产生误判。"随着我国和平发展进程的不断深入，我们维护国家利益的资源和手段将会越来越多，维护国家利益的地位也会越来越主动。中国的发展不会以牺牲别国利益为代价，同时，我们也不允许其他国家侵犯中国的正当权益。和平发展不是一家的事，更不是对中国的单方面约束。我们在坚持自身和平发展的同时，也要倡导其他国家都走和平发展道路，推动各国和平相处、共同发展，使和平发展成为各国共同的政策取向。"①

五是打造人类命运共同体。党的十八大以来，以习近平同志为核心的党中央在外交工作领域提出了一系列新理念新战略。习近平总书记在许多国际场合就这一理念作了重要论述。2015 年 9 月，在联合国成立 70 周年系列峰会上，他全面阐述打造人类命运共同体的内涵，强调要建立平等相待、互商互谅的伙伴关系，营造公道正义、共建共享的安全格局，谋求开放创新、包容互惠的发展前景，促进和而不同、兼收并蓄的文明交流，构筑尊崇自然、绿色发展的生态体系。

"打造人类命运共同体，为中华民族伟大复兴开辟了新境界、提供了新动力。"②当今中国比历史上任何时期都更加走近世界舞台的中央，比历史上任何时候都更加接近实现民族复兴的目标。随着中华民族伟大复兴进入关键阶段，中国与世界的前途命运空前

---

① 王毅：《坚定不移走和平发展道路 为实现民族复兴中国梦营造良好国际环境》，《国际问题研究》2014 年第 1 期。

② 王毅：《携手打造人类命运共同体》，《人民日报》2016 年 5 月 31 日。

紧密地联系在一起。中国倡导并推动人类命运共同体建设，把中国人民的利益同各国人民的共同利益结合起来，把中国梦同世界梦联结起来，赋予中华民族伟大复兴更加深刻的世界意义，体现了中国将自身发展与世界共同发展相统一的全球视野、世界胸怀和大国担当。在打造人类命运共同体进程中，中国推动世界各国和平共处、良性互动、合作共赢，将为中华民族伟大复兴营造良好外部环境。

总之，随着经济全球化的深入发展，国际社会日益成为一个你中有我、我中有你的命运共同体。面对日益复杂的世界经济形势和日益增多的全球性问题，任何国家都不能独善其身、一枝独秀。客观上来讲，各国必须同舟共济、共同发展。因此，和平发展是世界潮流与各国的共同责任，而非中国一家的义务。走和平发展道路，是中国人民从自身经历中对实现自身目标形成的自信和自觉，但世界上只有中国走和平发展道路是不行的，需要其他国家和中国相向而行，而不是背道而驰。只有更多的国家走和平发展道路，和平发展道路才能走得通、走得稳和走得远。

五、中国和平发展道路的世界意义

中国要和平发展，靠的是积极参于全球化的历史进程，靠的是中国自身的发展，而不是靠战争掠夺兴起，这与历史上其他世界大国的兴起所采取的方式大为不同，这就为一个国家的发展、民族的复兴开创一条新的道路，从而具有重要的世界意义。

（一）和平发展是深具世界历史视野的崭新道路，是社会发展道路的创新

自有世界历史以来，人类探索过多种在世界历史中谋求社会发展的道路：一种是资本主义发达国家普遍走过的殖民统治和侵略扩张之路；一种是苏联走过的发展之路，即挑战已有世界体系，建立一个与之对立的世界体系；一种是企图割断自己与世界的有机联系，走一条封闭式发展道路；还有一条是依附于发达国家的依附发展之路。和平发展道路则提出了一条全新的发展道路，主张在与全球化相联系而不是相脱离的过程中实现国家发展，从而区别于闭关自守的发展之路；主张通过平等互利来促进国家发展，而区别于武力扩张和殖民统治之路；主张将发展的基点放在自身的力量上，而区别于依附发展之路，表明中国顺应时代发展的新趋势，不走谋求世界霸权、侵略他国的道路，而是抓住世界和平与发展的机遇，争取和平的国际环境发展自己，又以自己的发展促进世界的和平，从而走出一条实现民族复兴的新路。"这条道路既强调要始终坚持独立自主的原则，又强调要顺应和平、发展、合作、共赢的时代潮流，是融独立自主与合作共赢于一体的新型

发展道路。"①

纵观数百年来世界经济强权的兴衰，似乎都有着共同的特点，即通过海盗掠夺、贩奴与战争等罪恶获得发展，简单地讲就是靠的是"舰坚炮利"与强权。从昔日的葡萄牙、西班牙、英国到今天的美国，几乎都有着相同的历史背景。然而，中国却不同。中国是靠着自己的改革与发展，在国际和平环境中，找到一条适合自己的发展道路，走的是和平发展道路。中国政府一直坚持"平等发展"与不称霸的对外政策，中国的经济发展绝不会以牺牲他国利益为代价，而是希望共同发展，共同繁荣。

中国选择和平发展之路，是基于对和平与发展关系的深刻理解和对当今世界脉搏的准确把握。全面审视人类历史会发现，人类的进步大多是在和平的变革中实现的，战争和暴力很少能带来真正的进步。和平是人类的最大福祉和最大的愿望。世界要和平，人民要合作，国家要发展，社会要进步，是当今世界不可阻挡的潮流。选择和平发展，不仅符合中国人民的最大利益，得到全体中国人民的拥护，而且符合亚洲和全世界的最大利益，是实现和谐世界的必由之路。中国的和平发展还代表发展中国家的声音增大与整体力量的增强，对全球发展中国家的经济发展有着重要的示范意义与影响。中国和平发展将进一步展现中国作为爱好和平的大国力量，有利于世界的和平与稳定，有利于建立更为公平的

---

① 李君如：《中国和平发展道路与世界的和平发展》，《人民日报》2013 年 8 月 26 日。

世界新秩序，将使世界格局发生新的变化，更趋均衡。作为一个有古老文明的东方大国，在不长的历史时期和平地实现伟大的民族复兴，使五分之一人类摆脱贫穷落后，走上富裕文明，这本身就是对人类的贡献。中国发展不仅没有损害包括周边国家在内的其他国家的利益，而且还使它们从中国的发展中不同程度地获益，这也是对世界的一个贡献。更重要的是，中国的和平发展之路，虽然带有鲜明的中国个性，但具有世界的普遍价值和意义。

（二）中国走和平发展道路有利于世界的繁荣发展

中国经济持续、快速、健康地发展将继续给世界带来更多的机遇，更大的合作空间，形成更多的利益共同体和利害共同体，从而有利于世界经济的繁荣，有利于促进各国的共同发展。

首先，从中国周边地区来讲，中国对亚洲地区经济增长拉动最大。中国一直坚持与邻国共同发展，一起变富。而且只有中国的邻国也变得繁荣，中国的现代化才能成功。中国改革开放以来经济的持续快速发展，首先使周边国家从中受益。

其次，中国的和平发展对发展中国家的发展与进步起了重大推动作用。一是提升发展中国家出口商品的价格，增加发展中国家的收入和就业岗位。21世纪以来，中国已经成为世界上最大的矿产品和原材料消费国，中国每年的进口额中约有45%来自发展中国家，这对于主要出口产品原材料和能源产品的发展中国家的经济增长，产生很大的推动力。二是中国出口物美价廉的产品到发展中国家，改善了发展中国家的生活质量。发展中国家人民收入低，购买力有限，是买不起西方的高价格商品的。中国的产品价格适合当地人民的购买力，从而提升了他们的生活质量。三是中国在国际上捍卫发展中国家的利益。发展中国家在国际上处于弱势地位。中国在调整世界贸易组织和其他国际机构的规则、联合国改组、推动西方国家取消农产品补贴、非农产品市场准入、服务贸易等方面捍卫发展中国家的利益，并且随着中国国力的增强，这种作用将越来越大。四是中国加大对发展中国家的援助力度。中国通过开展贸易、增加投资、减免发展中国家对华出口商品关税、减免债务、出境旅游、培训人才、提供捐款、成立合作机制等方式援助发展中国家，很多国家在基础设施、医疗、教育、住房等领域从中国受益良多。国际社会对此有口皆碑。五是中国为发展中国家提供经济建设的经验。改革开放以来中国经济建设取得举世瞩目的成就，对发展中国家产生了榜样效应。印度、古巴、越南、朝鲜、哈萨克斯坦、墨西哥等很多国家注意借鉴中国的经验或对中国的经验感兴趣，探索本国发展道路。

再次，中国和平发展对促进发达国家经济发展的贡献是多方面的。中国经济发展带来的需求的提高和增长为外国尤其是发达国家的产品、资本、技术和服务进入中国市场提供了大量机会，这给发达国家带来了巨大的利益。中国对资本、技术、知识密集型等产品的巨大需求无疑增加了发达国家的就业机会。正是由于中国的发展填补了发达国家的经济漏洞，有助于其抑制通货膨胀、推动经济增长，给发达国家人民带来巨大实惠。

最后，中国的和平发展将为解决全球性问题发挥重大作用，维护世界的长久和平与繁荣。例如中国以前不参加联合国的维和行动，现在不仅参加而且是积极参加；在反对恐怖主义、防止核扩散、应对全球气候变暖、反对军备竞赛进入宇宙空间等方面，中国不但积极参与，而且提出有建设性的方案和措施，并且以身作则，自觉遵守。中国是世界上最大的发展中国家，中国人口占了世界总人口数的1/5还要多。中国作出走和平发展道路的选择，以经济建设为中心，坚持改革开放，保证中国13亿多人口人人有饭吃、人人有衣穿、人人有房住，逐渐减少贫困人口，保证中国不出现难民潮，不给国际社会造成任何麻烦，这本身就是对全人类，对全世界和平、稳定与发展作出的一个巨大贡献。

（三）中国走和平发展道路推动了人类和平发展的崇高事业

我们党自成立那天起，就把人类解放和建立自由人联合体作为自己的使命和奋斗目标。新中国成立以来，中国共产党和中国政府始终坚持独立自主和平外交政策，把维护世界和平、促进共同发展作为中国外交政策的宗旨，主张在和平共处五项原则的基础上同所有国家发展友好合作。进入21世纪，中国共产党和中国政府向全世界公开承诺坚持走和平发展道路。党的十八大以来，以习近平同志为核心的党中央一再表明，中国始终不渝走和平发展道路，始终不渝奉行互利共赢的开放战略，加强同各国的友好往来，同各国人民一道，不断把人类和平与发展的崇高事业推向前进。

正如习近平在 2015 年 9 月 28 日召开的联合国大会上所指出的：作为全球发展的贡献者，中国"坚持走共同发展道路，继续奉行互利共赢的开放战略，将自身发展经验和机遇同世界各国分享，欢迎各国搭乘中国发展'顺风车'，一起来实现共同发展"。这一豪迈宣示，充分展现了中国领导人的大国胸襟，赢得了世界各国的赞许。多年来，中国坚定支持联合国在国际事务中发挥核心作用。习近平 2015 年 9 月在纽约联合国总部出席第 70 届联合国大会期间，全面阐述中国的历史观、秩序观、发展观，并宣布设立为期 10 年、总额 10 亿美元的中国—联合国和平与发展基金，体现了支持联合国工作、促进多边合作的坚定意愿。

中国大力推动全球治理体制向更加公正合理的方向发展。倡导各国构建开放型世界经济，反对保护主义。提出具有鲜明中国特色的全球治理观，致力于推动全球治理规则民主化、法治化，增加新兴市场国家和发展中国家的代表性和发言权，实现各国权利平等、机会平等、规则平等。中国积极引领全球经济治理和区域合作发展方向。参与建设二十国集团、亚太经合组织等全球和区域经济合作平台，推动二十国集团加强宏观经济政策协调，加快亚太自贸区建设，鼓励各国通过改革创新发掘增长潜力。习近平明确指出，中国发展得益于国际社会，中国愿意以自己的发展为国际发展作出贡献。中国对外开放，不是要一家唱独角戏，而是要欢迎各方共同参与；不是要谋求势力范围，而是要支持各国共同发展；不是要营造自己的后花园，而是要建设各国共享的百花园。中国是国际秩序的参与者和维护者，中国将积极参与全球治理体系建设，努力为完善全球治理贡献中国智慧，同世界各国人民一道，推动国际秩序和全球治理体系朝着更加公正合理方向发展。习近平这一思想，使得人类命运共同体意识的内涵得到进一步阐述，给世界其他国家传递了积极的信息和全新理念。

第三章

推动构建新型大国关系

　　纵观国际关系的发展历程，大国在其中扮演着重要的角色，拥有举足轻重的作用。由于各大国历史经验不同，实力地位和国内外环境差异极大，所谋求的战略目标各不相同，因此各大国之间的关系天然的具有特殊性和复杂性，对国际关系的影响也是巨大的。从某种意义上讲，大国关系的状况在很大程度上决定着世界究竟是走向和平，抑或战争。在新的历史条件下，作为正在崛起的新兴发展中大国，构建一种什么样的大国关系就成为中国外交必须认真对待和处理的问题。党的十八大以来，以习近平同志为核心的党中央明确提出构建以合作共赢为核心的新型大国关系，以此来推进世界的和平与发展。中国关于构建新型大国关系的主张对国际关系的和平发展具有重大的现实意义。

一、构建良性互动、合作共赢的新型大国关系

综观 60 多年来的中国对外关系实践，大国始终是中国外交的基本关注点，大国关系的变化也是引起中国外交布局演变的重要因素。随着大国兴衰和国际格局的变化，西方大国、社会主义大国、发展中大国成为新中国成立以来处理大国关系的核心关注点。切实运筹好大国关系、构建健康稳定的大国关系框架至关重要。

（一）中国与大国关系的历史回顾

新中国成立至今，中国的大国关系经历了一个曲折而又辉煌的发展历程。中国始终奉行独立自主的和平外交政策，按照和平共处五项原则处理大国间关系，坚定维护国家主权、安全与发展利益。

1949 年新中国成立之初，针对当时国际形势同我国民族独立、社会主义建设的需求，在总结中国共产党对外工作经验的基础上，以毛泽东同志为核心的第一代中央领导集体选择了"一边倒"外交战略，首先跟苏联社会主义国家建立同盟关系，与美国对华的孤立、封锁政策展开针锋相对的斗争，捍卫了国家的独立和主权。20 世纪 60 年代初，随着国际形势的变化，中苏两国关系从意识形态的争论发展到国家关系方面，双方展开大论战，导

致中苏两党关系破裂，两国关系为之恶化。中国政府采取了既反美又反苏的"两条线"外交战略，同时，加强和第三世界国家的合作。70年代，随着美苏关系的变化，资本主义阵营和社会主义阵营内部均发生分化。1971年10月，中国恢复在联合国合法的席位。中美之间相互调整对外政策，双方关系缓和。1972年2月，美国总统尼克松访华，中美达成遏制苏联扩张的共识。1973年2月，毛泽东在与基辛格的谈话中提出"一条线"的战略的构想，建立国际反苏统一战线。

党的十一届三中全会之后，中国国内实现了伟大的转折。以邓小平同志为核心的第二代中央领导集体对国际形势做出新的判断，战争可以避免，世界和平是有希望的，并进而提出了和平与发展是时代的主题。中国全方位开展对外开放。在新时期，中国政府继续坚持把独立自主原则作为外交的基石，奉行不结盟政策，强调中国"愿意在和平共处五项原则的基础上，同世界一切国家建立、发展外交关系和经济文化关系"①。1979年1月，中美正式建立外交关系。尽管有斗争，但1982"八一七"公报发表之后，中美关系出现了良好的局面。在中美关系建交的基础上，中苏关系在勃列日涅夫塔什干讲话之后从松动走向正常化，中欧关系得到了全方位的发展，中日两国实现友好。

冷战结束后，国际关系发生重大转变，从两极对峙格局向多

---

① 《邓小平文选》第三卷，人民出版社1993年版，第70页。

极化演变，大国关系呈现出相互依存且相互竞争的特点。江泽民指出："我们将继续改善和发展同发达国家的关系，以各国人民的根本利益为重，不计较社会制度和意识形态的差别，在和平共处五项原则的基础上，扩大共同利益的汇合点，妥善解决分歧。"①中国积极调整和改善了与美、俄、欧、日等大国或大国集团的关系。中美关系在曲折中发展，中俄关系从中苏关系平稳过渡到中俄关系。20世纪末，中国和主要大国建立了不结盟、不对抗、不针对第三国的大国伙伴关系，包括中俄平等信任、面向21世纪的战略协作伙伴关系，中美面向21世纪的建设性战略伙伴关系，中法面向21世纪的全面伙伴关系等。

进入21世纪，世界多极化不可逆转，经济全球化深入发展，科技革命加速推进，国与国相互依存日益紧密。同时，传统安全与非传统安全威胁相互交织，世界和平与发展面临诸多难题和挑战。以胡锦涛同志为总书记的党中央提出走和平发展道路和建设和谐世界的外交战略，加强同世界主要大国的合作，发展全方位大国关系。这一时期，中国与美、俄、欧、印等大国力量之间的战略伙伴关系进一步改善和提升。中国努力克服与美国、日本间的矛盾冲突，积极发展在和平、发展、合作方面的共同点；全面发展与包括俄罗斯、印度、巴西等新兴大国在内的金砖国家之间的战略伙伴关系；发布对欧盟政策文件，加强同欧盟的全面合作。

---

① 《江泽民文选》第三卷，人民出版社2006年版，第567页。

同时，中国与各主要大国之间均启动了战略对话磋商机制。

（二）构建合作共赢为核心的新型大国关系

当前世界，和平与发展仍然是时代主题，但局部冲突、集团政治尚未终结，非传统安全问题日益增多。以习近平同志为核心的党中央在继承中国外交传统的基础上，推动构建新型大国关系，对国际关系的演变具有深远的现实意义。

2012 年 2 月，时任国家副主席的习近平在访美时提出了要构建"前无古人，后启来者"的新型大国关系倡议。同年 5 月，在第四轮中美战略与经济对话开幕式上，胡锦涛发表致辞表示："无论国际风云如何变幻，无论中美两国情况如何发展，双方都应坚持推进合作伙伴关系建设，努力发展让两国人民放心、让各国人民安心的新型大国关系。"[1] 中俄关系是新型大国关系的先行者，2013 年 3 月，习近平主席访问俄罗斯，指出"面对国际形势的深刻变化和世界各国同舟共济的客观要求，各国应该共同推动建立以合作共赢为核心的新型国际关系，各国人民应该一起来维护世界和平、促进共同发展"。[2] 中美是否会陷入历史上崛起大国与守成大国的"修昔底德陷阱"，是双方共同关注的问题。2013 年 6 月，习近平与奥巴马在安纳伯格庄园举行非正式会晤，同意"共同努

---

[1] 《胡锦涛文选》第三卷，人民出版社 2016 年版，第 584 页。

[2] 《习近平谈治国理政》，外文出版社 2014 年版，第 273 页。

力构建新型大国关系，相互尊重，合作共赢，造福两国人民和世界人民"①。创造西方文明的欧洲，也是中国新型大国关系的对接之地。2014 年 4 月，习近平在比利时布鲁日欧洲学院发表演讲时说道："我们要共同努力建造和平、增长、改革、文明四座桥梁，建设更具全球影响力的中欧全面战略伙伴关系。"②

所谓新型大国关系，是与对抗或结盟的传统大国关系相对而言的。具体而言，新型大国关系包含以下内容。

不冲突，不对抗。国际社会始终会存在竞争和矛盾，大国之间在一定范围内发生利益冲突具有客观必然性。构建新型大国关系，必须妥善处理传统大国和新兴大国之间的结构性矛盾，通过和平方式解决国际争端。"要客观理性看待彼此战略意图，坚持做伙伴、不做对手；通过对话合作、而非对抗冲突的方式，妥善处理矛盾和分歧。"③ 只有和平稳定的环境，才能开展合作、共谋发展。

相互尊重。构建新型大国关系，需要认可和包容世界多样性和多元化的现实，允许各国根据自身的历史、文化和现实来发展，尊重各国人民自主选择社会制度和发展道路的权利，不能把自己的价值观念、社会制度、经济模式强加于人，更不能以各种借口

---

① 《习近平谈治国理政》，外文出版社 2014 年版，第 279 页。

② 《习近平谈治国理政》，外文出版社 2014 年版，第 282 页。

③ 《习近平概括中美新型大国关系：不冲突、不对抗，相互尊重，合作共赢》，2013 年 6 月 10 日，见 http://news.xinhuanet.com/world/2013-06/10/c_116107914.htm?prolongation=1。

干涉别国内政。要坚持"以相互尊重、求同存异精神妥善处理分歧矛盾，不断充实合作伙伴关系的战略内涵，走出一条平等互信、包容互鉴、合作共赢的新型大国关系之路"①。

合作共赢。各国的发展不能以牺牲别国利益为代价，不能做损人利己的事情，更不能做以邻为壑的事情，而应当开展合作，实现共赢。"要合作就要照顾彼此利益和关切，寻求合作最大公约数。"②既要采取措施、做好自己的事，又要精诚合作、共同应对挑战。大国间应深化在多边机制以及重大国际和地区问题、全球性挑战上的沟通和合作，为维护和促进世界和平、稳定作出贡献。

结伴不结盟。近现代国际关系往往出现结盟和对抗的组合模式，因为针对第三方的利益集团往往容易引发猜疑对抗的轮番升级，甚至还会导致集团之间"热"冲突和"冷"对抗。这种关系在全球化时代不利于世界的和平与发展。因而，中国大国外交"要在坚持不结盟原则的前提下广交朋友，形成遍布全球的伙伴关系网络"③。对话而不对抗、结伴而不结盟的伙伴关系，能够灵活有效地推进国家之间、地区内外和专门领域的合作共赢。

做文明伙伴。全球化时代，构建全球新秩序需要各文明间紧密合作。中国与其他大国之间没有欧美那种天然的种族、社会、

① 《习近平会见美国国务卿克里》，《人民日报》2013 年 4 月 14 日。

② 《习近平在美国华盛顿州当地政府和美国友好团体联合举行的欢迎宴会演讲》，2015 年 9 月 23 日，见 http://politics.people.com.cn/n/2015/0923/c1024-27624017.html。

③ 《习近平出席中央外事工作会议并发表重要讲话》，2014 年 11 月 29 日，见 http://news.xinhuanet.com/politics/2014-11/29/c_1113457723.htm。

文化联系。作为一种面向未来的伙伴关系，新型大国关系强调将东西方两大文明更紧密地结合起来，树立和而不同、多元一体、互鉴互学、共同繁荣的典范。大国间要通过平等对话交流，增进相互了解，加强文化、媒体、旅游等领域交流合作，[①]共同努力，促进人类各种文明之花竞相绽放。

针对中美等大国之间竞争日趋激烈的现实，习近平提出了构建不冲突、不对抗，相互尊重，合作共赢的新型大国关系。这一理念的内涵宽泛，且兼具道义规范和解决问题的双重意义。通过构建新型大国关系变革传统国际关系旧秩序，打破崛起国和守成国冲突的历史宿命论，走出零和博弈的思维怪圈和"修昔底德陷阱"，开创全球化时代大国崛起的新道路和大国相处的新模式。

二、中美新型大国关系：不冲突不对抗、相互尊重、合作共赢

美国是当今世界上最发达的资本主义国家，具有强大的经济实力和军事实力，对全球政治、经济、军事有广泛的影响。中国是最大的发展中的社会主义国家。中美关系是当今世界最重要的双边关系之一，双方关系的发展状况对国际局势有很大的影响，

---

① 《习近平同欧洲理事会主席范龙佩举行会谈》，《人民日报》2014年4月1日。

其前景也深刻影响并塑造着世界的未来图景。

（一）曲折前进的中美关系

自新中国成立以来，中美两国关系发展在曲折中前进。1972年以前，美国对中国采取政治上孤立，经济上封锁，军事上包围的政策，把新中国作为其在世界上的主要对手来对待，一再阻挠中国在联合国合法席位的恢复。尽管1955年中美两国开始大使级会谈，但是在15年时间，举行了136次会谈，除了平民回国问题协议外，没有达成任何其他协议。20世纪70年代，中美两国在对付苏联霸权主义问题上找到共同利益，双方调整对外政策。1972年2月底，尼克松访华，双方发表《上海公报》，结束了长达22年的对立僵局，打开了双边关系正常化的大门。此后于1979年建立了正式外交关系。双方于1982年8月发表了"八一七"公报，在美国售台武器问题上达成妥协。1983年2月，美国国务卿舒尔茨访华，表示美国希望同中国建立"牢固而持久的"关系。中美两国政治、经济、军事、文化的交流全面展开，双方关系发展较为平稳。

随着东欧剧变，苏联解体，冷战的结束，中美两国关系在曲折中向前发展。1989年，美国政府对华实施制裁，中美关系迅速冷淡。1993年11月，江泽民出席西雅图亚太经合组织会议期间，同克林顿会晤，重申了处理中美关系的十六字方针。1994年11月，双方领导人会晤时又提出了指导当前中美关系的五项原则。1997 年 10 月，江泽民访美，双方发表《中美联合声明》，决定共同致力于建立面向21 世纪的建设性战略伙伴关系。1998 年，克林顿访问中国，双方决定进一步加强和扩大在多个领域的合作与交流。然而，克林顿政府的对华政策也有牵制、施压的一面。美国政府一再以"民主""人权"等问题粗暴干涉中国内政，并违反中美三个联合公报，同意李登辉访美，增加对台武器出售，甚至发生 1999 年 5 月 8 日对中国驻南使馆轰炸的恶性事件，严重影响了中美关系的正常发展。

小布什上台后，先将中国定位为"战略竞争对手"；"9·11"事件后，出于反恐的需要，又开始改善对华关系。2002 年 2 月，小布什于中美《上海公报》发表 30 周年之际来中国访问，中美关系重新步入"建设性合作关系"的轨道。2006 年 4 月，胡锦涛应邀访问美国，在耶鲁大学发表演讲指出："双方应坚持从战略高度和长远角度审视和处理中美关系，加强对话，扩大共识，增进互信，深化合作，全面推进二十一世纪中美建设性合作关系。"[1]2011年 1 月，胡锦涛再次访美，目的是增进互信、加强友谊、深化合作、推动 21 世纪积极合作、全面的中美关系继续向前发展。尽管中美之间在台湾问题、地区安全、能源资源、市场竞争等领域存在利益冲突点，但从两国关系发展的长远趋势看，利益共同点远远大于利益冲突点。

---

[1]　《胡锦涛文选》第二卷，人民出版社 2016 年版，第 440 页。

(二) 合作共赢的中美新型大国关系

党的十八大以来，以习近平同志为核心的党中央提出构建新型大国关系，实现双方不冲突、不对抗、相互尊重、合作共赢，这是两国人民和国际社会的普遍愿望，也是符合时代潮流的正确选择。

2012 年 2 月，习近平访美时就提出了构建新型大国关系的倡议；5 月，胡锦涛在第四轮中美战略与经济对话开幕式上，提到中美双方应坚持推进合作伙伴关系建设，努力发展让两国人民放心、让各国人民安心的新型大国关系。2013 年 4 月，习近平在会见美国国务卿克里时指出："希望双方坚持从战略高度和长远角度把握两国关系，以积极态度和发展眼光推进对话合作，以相互尊重、求同存异精神妥善处理分歧矛盾，不断充实合作伙伴关系的战略内涵，走出一条平等互信、包容互鉴、合作共赢的新型大国关系之路。"[1]6 月 7 日，中美两国元首在美国加州安纳伯格庄园举行私人会谈，习近平指出："面对经济全球化迅速发展和各国同舟共济的客观需求，中美应该也可以走出一条不同于历史上大国冲突对抗的新路。双方同意，共同努力构建新型大国关系，相互尊重，合作共赢，造福两国人民和世界人民。"[2]6 月 8 日，

---

[1] 《习近平主席会见来访的美国国务卿克里》，2013 年 4 月 14 日，见 http://cpc.people.com.cn/n/2013/0414/c64094-21126955.html。

[2] 《习近平谈治国理政》，外文出版社 2014 年版，第 279 页。

习近平同奥巴马举行第二场会晤时强调，新形势下，中美关系要进取、要发展；中美合作要开拓、要创新；中美两国要互尊、要包容。中美双方要始终从战略高度和长远角度出发，牢牢把握中美关系正确方向，一步一个脚印走出一条新型大国关系之路。

两国元首同意，共同努力构建中美新型大国关系，相互尊重、合作共赢。这是双方着眼世情国情以及中美关系未来发展达成的重要共识。构建中美新型大国关系其核心是不冲突、不对抗，相互尊重，合作共赢。不冲突、不对抗，就是要客观理性看待彼此战略意图，坚持做伙伴，不做对手，通过对话合作而非对抗冲突的方式妥善处理矛盾和分歧；相互尊重，就是要尊重各自选择的社会制度和发展道路，尊重彼此核心利益和重大关切，求同存异，包容互鉴，共同进步；合作共赢，就是要摒弃零和思维，在追求自身利益时兼顾对方利益，在寻求自身发展时促进共同发展，不断深化利益交融格局。习近平关于中美新型大国关系的精辟概括为中美两国关系的长远发展指明了方向，也使新型大国关系的内涵得到了极大的丰富充实。

（三）不断丰富的中美新型大国关系

党的十八大以来，中美两国在构建新型大国关系的道路上不断向前发展，政治、经济、军事等领域频繁交流，两国新型大国关系的内涵在实践中进一步丰富。

2013 年 9 月，中美两国元首在二十国集团领导人峰会期间，再次确认致力于构建新型大国关系，同意加强对话，深化合作，管控分歧。2014 年 7 月，习近平在第六轮中美战略与经济对话和第五轮中美人文交流高层磋商联合开幕式上致辞，主张增进互信、把握方向，相互尊重、聚同化异，平等互利、深化合作，着眼民众、加深友谊；11 月，习近平与来华访问的美国时任总统奥巴马举行瀛台夜话，主张从加强高层沟通和交往，深化各领域交流合作，在亚太地区开展包容协作，应对各种地区和全球性挑战等六个方面推进中美新型大国关系的建设。至此，中美新型大国关系的合作空间扩展到了地区和全球层次。2015 年 9 月，习近平访美，对于如何在新起点上推进中美新型大国关系作出进一步阐述，即要正确判断彼此战略意图，坚定不移推进合作共赢，妥善有效管控分歧，以及广泛培植人民友谊。2016 年 9 月，中美双方领导人会晤，强调中美要牢牢把握两国关系发展正确方向，坚持不冲突不对抗、相互尊重、合作共赢的原则，增进互信，深化合作，以建设性方式管控分歧，推动中美关系持续健康稳定发展。2017 年 2 月，习近平同美国新任总统特朗普通电话，对特朗普表示愿意努力拓展中美合作、发展惠及中美两国和国际社会的建设性双边关系表示高度赞赏。①

中美的经贸合作，能够在一定程度上防范金融危机的蔓延，刺激各个经济体的恢复与增长，稳定国际金融秩序。2015 年 9 月，

---

① 《习近平同美国总统特朗普通电话》，《人民日报》2017 年 2 月 11 日。

习近平访美，推动双边投资协定谈判取得了新的进展，为双方开展科技合作提供条件。在中美两军交流方面，2013 年，中美两国在亚丁湾举行反海盗演习，中国首次派士兵到美国本土进行联合救援减灾的实兵演练；2014 年，中国首次应邀参与由美国主导的"环太平洋军演"，这是两军交往史上的一项重大突破。中美两国的人民友好，也成为新型大国关系的重要组成部分。2015 年 3 月，习近平会见哈佛大学校长福斯特时，对中美两国高校的交流合作与更好地服务中美关系发展提出意见和建议，并启动了"百千万"学生交流项目。

近年来，中美在恐怖主义、跨国犯罪、毒品走私、气候变化、网络安全等领域的合作不断深化。在地区热点问题上，无论是朝核、伊核，还是叙利亚、阿富汗，中美双方都在积极寻找利益汇合点，并且保持着密切、富有成效的沟通与协调。亚太是中美利益交集最多、互动最频繁的地区，是构建中美新型大国关系的"试验田"。双方应该认识到，一个和平、稳定、繁荣的亚太符合中美共同利益。涉及东海、南海的有关领土主权和海洋权益争议是中国与有关国家之间的双边问题，应该通过中国与有关国家的双边渠道妥善处理。"世界上本无'修昔底德陷阱'，但大国之间一再发生战略误判，就可能自己给自己造成'修昔底德陷阱'。"[1] 太平洋足够大，容得下中美两国的发展。

---

① 《习近平出席华盛顿州当地政府和美国友好团体联合欢迎宴会并发表演讲》，《人民日报》2015 年 9 月 24 日。

三、中俄新型大国关系：结伴不结盟、共同繁荣

中俄关系是中苏关系的继承和发展。俄罗斯是我国最大的邻国，也是世界大国，中俄两国拥有广泛共同利益，是好邻居、好伙伴、好朋友。中俄关系的发展对亚洲及世界的和平与发展都产生着重要而深远的影响。

（一）同盟到伙伴的中俄关系

1949 年 6 月，毛泽东在《论人民民主专政》中正式宣布"一边倒"，明确表明了即将成立的新中国的外交立场，"我们在国际上是属于以苏联为首的反帝国主义战线一方面的"。[①]10 月，苏联承认中华人民共和国，双方建立大使级外交关系。12 月，毛泽东亲自率领代表团访问苏联。1950 年 2 月，中苏签订了《中苏友好同盟互助条约》，在政治、经济、军事、文化等方面进行合作。苏共二十大后，中苏双方因对国际共产主义运动观点不同而出现内部争论，苏联把两党的分歧扩大到国家关系方面，导致两党关系破裂，两国关系为之恶化。直至 1982 年 3 月，勃列日涅夫在塔什干发表讲话，表示愿意改善对华关系，中方对此作出理智的回应。

---

① 《毛泽东著作选读》下册，人民出版社 1986 年版，第 681 页。

从 1982 年 10 月至 1988 年 6 月，两国进行了 12 轮磋商，在谈判中，逐渐恢复了经济、科技、文化领域的关系。1989 年 5 月，戈尔巴乔夫访华，双方发表了《中苏联合公报》，中苏关系正常化。邓小平将这次会晤概括为"结束过去，开辟未来"。两国在和平共处五项原则的基础上建立了睦邻友好关系，在平等互利的基础上建立了经贸关系，在党际关系四原则基础上发展了两党关系，不针对第三国。1991 年 5 月，江泽民访苏，双方发表了《中苏联合公报》，表明中苏关系正在健康发展。

苏联解体后，中国承认俄罗斯是苏联的继承国。1992 年 12 月，俄罗斯总统叶利钦访华，中俄双方签署了《中俄相互关系基础的联合声明》，确定中俄两国将保持和发展稳定的睦邻友好和互利合作关系。中苏关系平稳过渡到中俄关系。1994 年 9 月，江泽民访俄，签署了第二个《中俄联合声明》，将中俄关系概括为面向 21世纪的建设性伙伴关系。1996 年 4 月，叶利钦第二次访华，签署了第三个《中俄联合声明》，宣布建立平等信任的、面向 21 世纪的战略协作伙伴关系。之后，中俄哈吉塔五国元首在上海签署了关于在边境地区加强军事领域信任的协定，标志着摒弃冷战思维的"上海五国"元首会晤机制建立。1997 年 4 月，江泽民再次访俄，签署了第四个《中俄联合声明》，阐述两国对重大国际问题的看法，以及对建立国际新秩序的一致立场。11 月，叶利钦第三次访华，签署了第五个《中俄联合声明》，就进一步推动中俄战略协作伙伴关系全面发展交换了意见。1998 年 11 月，江泽民与叶利钦举行"不扎领带"的会晤，发表了《世纪之交的中俄关系的联合声明》和《中俄边界问题的联合声明》，就中俄加强双边合作的长期战略前景达成的共识。1999年12月，叶利钦第四次访华，为世纪末的中俄关系画上了一个圆满的句号。

进入21世纪之后，中俄两国开始努力建构面向21世纪的战略协作伙伴关系。2001年7月，江泽民与普京签署了《中俄睦邻友好合作条约》，将两国世代友好、永不为敌的和平思想和永做好邻居、好朋友、好伙伴的坚定意愿以法律形式加以确定。2003年5月，胡锦涛访俄，再次强调深化中俄睦邻友好、互利合作和战略协作伙伴关系，是中国外交政策的战略优先方向。2006年，在中俄两国首脑的共同倡议下，中国举办了"俄罗斯年"活动，2007年俄罗斯也举办了"中国年"活动。2011年6月，胡锦涛出席《中俄睦邻友好合作条约》签署十周年庆祝音乐会并致辞，我们要"致力于发展平等信任、相互支持、共同繁荣、世代友好的全面战略协作伙伴关系"[1]，中俄双边关系由此进入新的发展阶段。

（二）共同繁荣的中俄新型大国关系

党的十八大以来，中俄两国牢固建立起结伴不结盟的全面战略协作伙伴关系，坚定支持对方发展复兴，坚定支持对方核心利

---

[1] 《胡锦涛在〈中俄睦邻友好合作条约〉签署10周年庆祝音乐会上的致辞》，新华网，2011年6月16日，见 http://news.xinhuanet.com/world/2011-06/16/c_121546210.htm.

益，务实合作取得重大进展。

2013 年 3 月，习近平就任国家主席后首访的第一站选择了俄罗斯。23 日，习近平在莫斯科国际关系学院发表演讲，强调两国要"以实际行动坚定支持对方维护本国核心利益，坚定支持对方发展复兴，坚定支持对方走符合本国国情的发展道路，坚定支持对方办好自己的事情"。[①] 此后两国元首又于金砖国家领导人第五次会议，二十国集团领导人第八次峰会，上合组织成员国元首理事会第十三次会议，亚太经合组织第二十一次领导人非正式会议期间举行了四次会晤，对发展新形势下的中俄关系提出建议。2014 年，习近平分别在索契冬奥会，福塔莱萨金砖国家领导人会晤，杜尚别上海合作组织峰会，以及在北京人民大会堂与普京举行了五次会谈，双方表示相互坚定支持涉及彼此核心利益的重大问题，促进两国共同发展繁荣。中国提出"一带一路"倡议之后，得到了俄罗斯的积极响应。2015 年，双方最高领导人又举行了五次会晤，分别在俄罗斯纪念卫国战争胜利 70 周年庆典，金砖国家领导人第七次会晤，中国人民抗日战争暨世界反法西斯战争胜利 70 周年纪念活动，二十国集团领导人第十次峰会和气候变化巴黎大会期间，双方共同签署并发表了两个联合声明，推动中俄全面战略协作伙伴关系向前发展。2016 年，中俄元首又实现了五次会晤，对两国关系发展及时作出新的战略规划和部署。在 6 月 23 日

---

① 《习近平谈治国理政》，外文出版社 2014 年版，第 276 页。

塔什干会晤后，25 日，两国元首在人民大会堂会谈，签署联合声明，明确将"不具有结盟性质"作为界定两国关系性质的重要原则，强调在"结伴而不结盟"方针指引下推动"基于平等信任、相互支持、共同繁荣、世代友好的中俄全面战略协作伙伴关系"进入新阶段。

中俄新型大国关系建立在全面战略协作伙伴关系框架内，具有以下内涵。一是相互尊重，地位平等。相互尊重主权、独立和领土完整，尊重各自选择的发展道路与价值观念，平等相待、理解支持。其中，地位平等是两国交往的基础，相互尊重对方的选择和不干涉内政维护了双方信任的气氛。二是超越同盟，不搞对抗。中俄协作伙伴关系不设假想敌、不针对第三方，排除了军事因素对国家间关系的干扰，致力于以合作而非对抗的方式解决问题，超越了传统的同盟关系，是构建新型大国关系理念在中俄关系发展中的具体体现。三是求同存异，合作共赢。超越社会制度与意识形态的异同，最大限度地谋求共同利益与共同追求；推动建立以合作共赢为核心的新型国际关系，坚持互利共赢的开放战略，把合作共赢理念体现到双方合作的方方面面。必须指出，"不结盟"不等于"不结伴"。结伴而不结盟是中国特色大国外交的一大特点，是总结历史经验教训探索走出的一条新路，体现着平等性、和平性、包容性等新型国际关系理念。① 中国和俄罗斯所结成

---

① 王毅：《中国特色外交旨在走与传统大国不同的强国之路》，2014 年 12 月 24 日，见 http://news.xinhuanet.com/world/2014-12/24/c_1113760970.htm。

的伙伴关系是全面战略协作伙伴，全面意味着两国合作在各领域、各层面展开；战略意味着两国合作具有战略内涵、战略价值；协作意味着"按照目标、任务、地点、时间和执行任务的方法实施的协调一致的行动"[1]，其要求远高于合作。

（三）持续深化的中俄新型大国关系

在全面战略协作伙伴关系的指导下，中俄两国在政治、经济、军事、国际事务等各领域交流频繁，国际战略协调与合作提升到新高度。

2016 年 9 月，习近平在杭州会见普京时指出，中俄双方要更加紧密地加强全方位战略合作，坚定支持对方维护国家主权、安全、发展利益的努力。要积极推动两国发展战略对接和"一带一路"建设同欧亚经济联盟建设有效对接。10 月，习近平在印度果阿会见普京时再次强调，中俄两国同为联合国安理会常任理事国和主要新兴市场国家，要密切在联合国、上海合作组织、金砖国家等多边框架内的协调和配合，共同推动国际秩序朝着更加公正合理的方向发展，维护好新兴市场国家和发展中国家利益。11 月，习近平与普京在利马会晤，强调中方愿同俄方一道努力，在新的一年里保持密切高层交往势头，加大相互支持，巩固政治和战略

---

① 李英主编：《简明军事百科辞典》，解放军出版社 1985 年版，第 928 页。

互信，开展两国发展战略对接和"一带一路"建设同欧亚经济联盟建设对接合作。

俄罗斯作为能源资源蕴藏量极其丰富国家、中国作为能源缺口很大的国家互补性强。2014 年 5 月两国签订的 4000 亿美元的天然气合同意味着中俄开始了紧密经济合作。2015 年习近平访俄又签署了价值 320 亿美元的合作协议，双方总理在能源、投资、金融、高科技等领域签署 30 多项合作文件，中俄经济合作正超越能源和军工，向基础设施、电信、化工领域扩展。2015 年堪称中俄军事合作收获年，中国军工在俄式装备技术基础上推陈出新，实现多领域跨越式发展，不断递进的合作层次正迈向联合研制更高阶段，并实现中国军民产品对俄反向出口。中俄联合演习规模之大前所未有，表明双方达到了应对共同威胁、维护地区稳定共识及战略协作新水平。①

近年来，中俄战略合作在稳步推进的同时，两国之间也出现了一些有损双边关系、不为中国乐见的异动。但总体上看，中俄关系是中国所有大国外交关系中最为稳定，也是战略上互信程度最高的一组。两国关系的发展方向应是结成利益共同体、责任共同体、命运共同体，在国际关系中肩并肩、在共同发展中手拉手。建立在平等、互利、互惠、双赢、互相尊重、互不干涉内政的基础之上的中俄关系已成为新型大国关系的典范。正如俄前外长伊

---

① 《中俄军演规格之高世界罕见外媒：这是威慑西方》，2014 年 5 月 21 日，见 http://military.people.com.cn/n/2014/0521/c1011-25044025.html。

万诺夫在第四届世界和平论坛上所说，俄中并没有选择相互制衡，
而是相互补充，在政治、经济、人道主义和其他的领域都是一种
相辅相成的关系。

四、中欧新型大国关系：和平、增长、改革、文明伙伴

欧盟是世界多极化的重要推动力量之一，也是我国坚持和平
发展、推进新型大国关系的重要依托。作为最大的发展中国家和
最大的发达国家联合体，中欧是维护世界和平的两大力量；作为
世界上两个重要经济体，中欧是促进共同发展的两大市场；作为
东西方文化的重要发祥地，中欧是推动人类进步的两大文明。

（一）从少到多的中欧关系

新中国成立初期，两极对抗的国际形势对中欧关系影响很大，
西欧把中国当成苏联阵营的成员，又受制于美国的全球战略，没
有形成独立的对华政策；而中国采取"一边倒"的外交战略，只
与少数几个西欧国家建立了外交关系，中国与欧洲关系基本处于
隔绝状态。20 世纪 60 年代，受国际形势的大动荡、大改组、大
分化的影响，中国仅与法国在 1964 年建立了正式外交关系，与其
他欧洲国家关系较少。1971 年，随着中国联合国合法席位的恢复，

中美两国关系的缓和，中国与西欧进入全面建交时期，不仅与西欧 12 国先后建交，而且 1975 年与欧洲经济共同体建交，1983 年与欧洲煤钢共同体和欧洲原子能共同体建交，出现了中欧关系的"双轨制"。

冷战结束后，欧共体及其他西方国家一道对中国进行制裁，导致双方关系冷淡。但从 1992 年开始，西欧各国调整对华政策，双方关系走上正轨。1994 年 9 月，江泽民访问法国，提出了发展同欧洲国家关系的四项原则。1995 年，欧洲通过了有史以来第一个全面对华政策报告《欧盟—中国关系长期政策》，使中欧关系取得进展。1997 年，中法建立了长期的全面伙伴关系。1998 年 4 月，首次中欧首脑峰会在伦敦举行，会后发表的《联合声明》表示双方将共同致力于建立面向 21 世纪的长期、稳定的建设性伙伴关系；6 月，欧盟通过《与中国建立全面伙伴关系》文件，决定把对华关系提升到与对美、俄、日关系同等重要的水平；10 月，中英建立全面的中英伙伴关系，中德建立长期稳定的全面合作关系。与此同时，中国与英国、葡萄牙顺利解决香港、澳门问题，对香港、澳门恢复行使主权。

2001 年 11 月，胡锦涛在法国国际关系研究所发表演讲指出："中国和欧洲是国际上两支正在上升的政治和经济力量，在多极化进程中必将发挥越来越重要的作用。"[1]2003 年，欧盟发布《走向

---

① 《胡锦涛文选》第一卷，人民出版社 2016 年版，第 517 页。

成熟的伙伴关系——欧中关系的共同利益与挑战》，中欧决定将双方关系提升为"全面战略伙伴关系"。同年，中国颁布《中国对欧盟政策文件》，表达了中国在政治、经济、军事等五个方面与欧盟进行全面合作的愿望。这是中国首次制定的针对欧盟的外交政策文件。2004 年 1 月，中法将双边关系提升为全面战略伙伴关系；5 月，中英、中意建立全面战略伙伴关系，中德建立具有全球责任的伙伴关系。2006 年 8 月，胡锦涛在中央外事工作会议上指出："要加强中欧战略对话和务实合作，做好欧盟大国和有代表性国家的工作，推动中欧全面战略伙伴关系健康稳定发展。"[1]2010 年，中欧成功举行首次高级别战略对话，中欧之间的战略互信得到进一步巩固和提高。

（二）四大伙伴的中欧新型大国关系

以习近平同志为核心的党中央从战略高度看待中欧关系，将中欧两大力量、两大文明结合起来，共同打造和平、增长、改革、文明四大伙伴关系，提升了中欧全面战略伙伴关系的全球影响力。

2013 年 11 月，中欧共同制定了《中欧合作 2020 战略规划》，这是中欧首次一致同意采取重大战略行动。2014 年 3 月，习近平出席在荷兰海牙举行的第三届核安全峰会，对荷兰、法国、德国、

---

[1] 《胡锦涛文选》第二卷，人民出版社 2016 年版，第 509 页。

比利时进行国事访问，并访问联合国教科文组织总部、欧盟总部，充分显示出新形势下中国对欧洲的高度重视。3 月 23 日，习近平在荷兰《新鹿特丹商业报》发表署名文章，明确表示这次访问是为了和平、推动合作、交流互鉴和共促文明进步而来；29 日，习近平在比利时《晚报》发表署名文章，指出："中欧要本着相互尊重、平等相待、求同存异、合作共赢的态度去加强对话和沟通，寻求利益最大公约数，共享机遇，共迎挑战。"①31 日，习近平同欧洲理事会主席范龙佩举行会谈，强调："要从战略高度看待中欧关系，将中欧两大力量、两大市场、两大文明结合起来，共同打造中欧和平、增长、改革、文明四大伙伴关系，为中欧合作注入新动力，为世界发展繁荣作出更大贡献。"②4 月 1 日，习近平在布鲁日欧洲学院发表演讲进一步指出："我们要共同努力建造和平、增长、改革、文明四座桥梁，建设更具全球影响力的中欧全面战略伙伴关系。"③ 同时，双方发布《关于深化互利共赢的中欧全面战略伙伴关系的联合声明》。

所谓"四大伙伴关系"是指：第一，中欧要做和平伙伴，带头走和平发展道路。中欧对构建多极世界格局具有重要战略共识。双方要尊重彼此自主选择的社会制度，照顾彼此核心利益，支持彼此走和平发展道路。双方要加强在国际和地区事务中的沟通与

---

① 《中欧友谊和合作：让生活越来越好》，《人民日报》2014 年 3 月 30 日。

② 《习近平同欧洲理事会主席范龙佩举行会谈》，《人民日报》2014 年 4 月 1 日。

③ 《习近平谈治国理政》，外文出版社 2014 年版，第 282 页。

协调，共同推动政治解决地区热点问题，共同参与有关国际规制建设。第二，中欧要做增长伙伴，相互提供发展机遇。要尽快谈成谈好投资协定，启动自由贸易协定可行性研究，共同提高中欧贸易质量和水平。希望欧方扩大对华高技术贸易。要把中欧合作和"丝绸之路经济带"等重大洲际合作倡议结合起来，以构建亚欧大市场为目标，加强基础设施互联互通。要坚持市场开放，携手维护多边贸易体制，共同致力于发展开放型世界经济。第三，中欧要做改革伙伴，相互借鉴、相互支持。中欧的改革都已进入深水区，双方要就宏观经济、社会治理、公共政策、农业农村、就业民生、环境保护等重要领域改革加强交流、分享经验、深化合作。第四，中欧要做文明伙伴，为彼此进步提供更多营养。中欧关系具有文明属性和历史纵深。双方要通过平等对话交流，增进相互了解，加强文化、媒体、旅游等领域交流合作，扩大互派留学生规模，共同支持中欧关系研究工作。中欧要共同努力，促进人类各种文明之花竞相绽放。

（三）发展前行的中欧新型大国关系

中欧两国在构建四大伙伴关系的道路上不断发展前行，广泛开展政治、经济、文化、国际事务等领域的交流合作，为世界发展繁荣作出更大贡献。

2014 年 4 月，中国发表《深化互利共赢的中欧全面战略伙伴关系——中国对欧盟政策文件》，规划了双方未来五到十年的合作蓝图；10 月，李克强访问欧洲，中德签署了《中德合作行动纲要》。2015 年 3 月，英国、法国、德国、意大利、卢森堡等国家积极响应中国的倡议，愿意成为亚洲基础设施投资银行的创始成员国，中欧双方在越来越多的领域拥有共同利益；5 月，习近平同欧洲理事会主席图斯克、欧盟委员会主席容克互致贺电，热烈庆祝中国欧盟建交 40 周年；10 月，习近平访问英国，同英国时任首相卡梅伦就开创面向 21 世纪全球全面战略伙伴关系"黄金时代"达成共识。2016 年 1 月，中国发布《中欧合作 2020 战略规划》，提出了九项具体倡议；6 月，欧盟发布《欧盟对华新战略要素》文件，设专章对中欧之间在全球治理与多边环境中的共同工作做出了积极的回应。2016 年习近平两访中东欧，李克强出席中国—中东欧国家领导人里加会晤，奏响了对欧外交"中东欧协奏曲"，巩固了"16+1"合作前行势头，描绘了中国中东欧合作新蓝图。中法、中德、中英等关系之间的相互促进和良性竞争，必然带动中欧关系整体的可持续推进，合作发展、相向共赢成为中欧关系的主流。

2013 年 11 月，中欧正式宣布启动中欧投资协定谈判，并于 2014 年举行了三轮谈判。据统计，2014 年中欧贸易额达到 6151 亿美元，占中国同期进出口总额的 14.3%。中国对欧投资也呈现出快速增长的态势，2014 年达 98.48 亿美元，创历史新高，欧洲已成为最吸引中国投资的目的地之一。人文交流已被双方正式确定为继政治、经贸后的"第三支柱"。近年来双方交流不断增加，全面升级，涵盖科技、教育、文化、青年、旅游、卫生等诸多领域。从"中欧论坛"到"中欧文化高峰论坛"，从"中欧青年交流年"到"中欧文化对话年"等，中欧相互认知、相互了解的程度持续深入。中欧人文合作已步入机制化轨道，形成了高层次、全方位的文化交流与合作新格局。中欧愿意并致力于推动双方就重大国际问题，特别是就国际和平与安全问题、气候问题、能源问题、全球治理问题等进行合作。从实践来看，在诸如维和行动、打击海盗、打击恐怖主义、促进国际治理机制的改革、应对气候变化等领域，中欧合作都取得了实质性的成果。

虽然中欧关系中还存在不少消极因素，双方在人权、台湾、西藏、环保以及武器解禁等问题上观点不尽一致，但经过40多年发展，中欧关系已经发展成为相互依存度很高的复合型关系。可以预见，在未来相当长一段时间内，中欧战略伙伴关系将在已有的基础上，继续保持健康稳定的发展势头，中欧关系将开启新的更美好的篇章。

五、合作共赢大国关系取代对抗性大国关系

纵观国际关系发展的历史，大国关系基本可归纳成两种运行模式：一是"守成大国"与新兴国家之间的攻守矛盾，如果得

不到有效的调和，极易引发战争。例如，两次世界大战的爆发。二是不同意识形态、社会制度国家间的关系，其最主要的特征是以意识形态划分敌友，结成同盟进行对抗。典型代表是冷战时期的美苏关系。这种关系的特点是相互对抗或结盟、敌我分明、零和博弈。冷战结束后，零和思维并未随之消失，以敌友阵营划线、结盟的现象依然存在，且有愈演愈烈之势。当前，世界多极化、经济全球化深入推进，国际关系民主化进程不断加深，国际体系进入变革的关键阶段。作为守成霸权大国的美国，借助军事、金融和科技实力，对外推行霸权外交和施压外交，向世界宣示其领导权和主导权。作为传统大国的德、法、英、日等国，在全球层面上依靠美国而发挥西方大国的政治、经济和军事作用，在地区层面上仍在其传统势力范围内发挥重要作用。金砖国家虽然代表广大发展中国家要求增加在国际体系和国际秩序方面的话语权，但是其实力和影响有限。中国作为正在崛起的发展中大国，意识到大国关系的复杂化和多样化，挑战与利益同在，竞争与合作并存，大国之间应积极破除传统模式的束缚，以创新性思维应对大国间的分歧和矛盾，探索构建新型大国关系。

在总结国家关系的历史和中国对外工作经验教训的基础之上，中国正式提出中美新型大国关系理念，升级中俄战略协作伙伴关系，拓展与欧洲的合作渠道，以我为主，运筹均衡的大国关系架构。中国特色大国外交主张不结盟也能广交朋友，志同道合，是伙伴；求同存异，也是伙伴。① 建立新型大国关系，其核心是崛起国与霸权国之间的战略竞争应以和平方式而非战争方式进行，不搞新老对抗，摒弃零和博弈，不走国强必霸的老路，跨越"修昔底德陷阱"，开创出一条对话而不对抗、结伴而不结盟的新路。

中国主张以更加长远的眼光和更具战略性的风度处理大国关系，坚信大国关系的未来走向基本上取决于中国的发展前景，继续以积极心态学习西方大国成功经验、吸取其发展历程的教训，加强与诸大国面向未来的战略对话等制度化机制建设；妥善处理与发展中大国的关系，坚持发展中国家是基础的基本思路，积极采取措施全面加强与发展中大国的关系。

中国主张摒弃冷战思维，致力于建立平等的战略合作伙伴关系，认可对方在全球事务中扮演的不可或缺的角色；要加强合作，不同文明和不同国家应相互借鉴、相互促进，寻求共同利益；要共同发展，只有各国共同发展了，世界才能更好发展；要管控分歧，大国应共同致力于维持和建立各种全球性、地区性国际机制，为相互合作提供多领域、多层次、多渠道的沟通平台；要不断完善和创新国际规则，努力为人类社会提供更多的公共产品，包括和平稳定的国际环境、共同繁荣的发展前景、互利合作的伙伴关系。

同时，中国倡导着力巩固良好外部环境，高举和平、发展、

---

① 《习近平出席亚太经合组织工商领导人峰会开幕式并发表主旨演讲》，《人民日报》2014 年 11 月 10 日。

合作旗帜，推进中美新型大国关系建设取得积极进展，通过加强沟通、拓展合作、管控分歧，守住不冲突、不对抗底线，筑牢相互尊重基础，共同推进合作共赢目标；夯实中俄全面战略协作伙伴关系基础，进一步增强互信与合作，深化两国发展战略对接和重大项目合作，使两国结伴不结盟关系更趋成熟、稳定；进一步深化中欧和平、增长、改革、文明四大伙伴关系，不断加深利益交汇，持续提升战略合作水平。中国要以更加开放的姿态，把握机遇，迎接挑战，在深化国际交流合作的过程中，寻求同各大国间的利益汇合点，在共同利益基础上推动新型大国关系向前发展。

第四章

维护周边稳定合作大局

中国是一个疆域辽阔、边境漫长的大国，周边地区邻国众多、情况复杂，处理好同周边国家的关系，着力维护周边和平稳定大局，为中国的和平发展提供一个良好的周边环境是中国周边外交的重要任务。2013 年 10 月 24 日，习近平在周边外交工作座谈会上强调，要谋大势、讲战略、重运筹，把周边外交工作做得更好。他指出，做好周边外交工作，是实现"两个一百年"奋斗目标、实现中华民族伟大复兴的中国梦的需要，要更加奋发有为地推进周边外交，为我国发展争取良好的周边环境，使我国发展更多惠及周边国家，实现共同发展。[①]2014 年 11 月 28 日，习近平在中央外事工作会议上发表重要讲话时再次强调，要切实抓好周边外交工作，打造周边命运共同体，秉持"亲、诚、惠、容"的周边外交理念，坚持与邻为善、

[①] 中共中央宣传部编：《习近平总书记系列重要讲话读本（2014 年版）》，学习出版社、人民出版社 2014 年版，第 152 页。

以邻为伴，坚持睦邻、安邻、富邻，深化同周边国家的互利合作和互联互通。[①]周边外交作为中国外交战略中的重要一环，对中国的国家安全、政治稳定、经济发展乃至国际地位的提升都具有重要意义。

一、从睦邻友好到亲、诚、惠、容

周边外交在中国外交战略中占有重要的地位，中国历届政府都高度重视周边外交，为做好周边外交工作、发展周边外交思想作出了不懈的努力和探索。在历届政府的努力下，中国形成了一套成熟的周边外交思想，构造了更加和平、友好、稳定的周边环境，为中国周边乃至世界的和平与发展作出了贡献。

（一）和平共处五项原则为核心的周边外交

新中国成立之初，中国共产党第一代中央领导集体在复杂的形势下展开了对周边的外交工作。经过了新中国初期的实践和探索，中国提出了和平共处五项原则并以此指导周边外交工作。毛泽东在会见印度、巴基斯坦、尼泊尔、印度尼西亚、缅甸、越南、朝鲜、柬埔寨、老挝等周边国家领导人时，反复强调和平共处五

[①] 《中央外事工作会议在京举行》，《人民日报》2014 年 11 月 30 日。

项原则是处理与其他国家关系的一个长期的方针和准则。[1] 周恩来在 1955 年的亚非会议全体会议上也明确提出："我们准备在坚守五项原则的基础上与亚非各国，乃至世界各国，首先是我们的邻邦建立正常关系。"[2] 1959 年，周恩来在《政府工作报告》中重申："我们愿意根据和平共处的五项原则，同所有邻邦建立和发展友好的睦邻关系。"[3]

新中国成立初期，通过党的第一代中央领导集体的不懈努力，中国的周边外交工作取得了巨大成就。中国维护了国家的主权独立，挫败了苏联染指中国主权的图谋；中国成功打破了西方国家的外交封锁，与朝鲜等 19 个周边国家建立了外交关系，并与周边国家在政治、经济、文化等各个领域开展了合作；抗美援朝取得胜利，保卫了中国的周边安全，为中国的国内发展提供了一个稳定的周边环境；中国领导人积极参加有关国际会议，提出了有关处理周边外交的政治主张，产生了深远影响；一些由中国提出的外交思想和理念，如"和平共处五项原则""求同存异""中间地带"及"三个世界"划分等，得到了周边国家很大的反响和支持；中国以慎重的态度，妥善处理了与周边国家的一些历史和现实问题，如领土问题、华侨国籍问题等。党的第一代中央领导集体为中国

---

① 唐彦林：《继承与发展——三代领导集体周边外交思想比较研究》，《当代世界与社会主义》2005 年第 4 期。

② 《周恩来选集》下，人民出版社 1984 年版，第 156 页。

③ 中共中央文献研究室：《建国以来重要文献选编》第十二册，中央文献出版社 1997 年版，第 238 页。

周边外交工作作出了巨大贡献，奠定了此后中国周边外交的基础。

（二）周边外交新局面的开辟

改革开放后，以邓小平同志为核心的党的第二代中央领导集体审时度势，作出了"和平与发展是时代主题"的新判断，在继承和发展毛泽东、周恩来外交思想的基础上，对周边外交政策进行了积极调整。邓小平指出："我们坚持独立自主的和平外交政策，不参加任何集团。同谁都来往，同谁都交朋友，谁搞霸权主义我们就反对谁，谁侵略别人我们就反对谁。"[1]在这一时期，中国的周边外交遵循上述思想，开辟了新的局面。中苏关系实现了正常化，中国的北方边境得到安定；在巩固和发展同朝鲜等周边国家传统友好关系的同时，中国与曾经处于交恶状态的印度、越南、韩国、印度尼西亚等国实现了国家关系的改善；中日关系在这一时期得到较大发展，双方共同确定"和平友好、平等互利、互相信赖、长期稳定"四项原则，为中日睦邻友好关系的健康发展奠定了基础；[2]中国与部分周边国家解决了领土争端问题，并在"主权属我"的原则下提出"搁置争议、共同开发"，为和平解决南海争端提供了方案；在苏联解体、冷战结束的巨大冲击下，中国共

---

[1] 《邓小平文选》第三卷，人民出版社1993年版，第162页。

[2] 中共中央文献研究室：《十二大以来重要文献选编》（上），人民出版社1986年版，第500页。

产党领导人顶住压力、沉着应对，没有因周边局势的变化而偏离原有的社会主义道路。总之，党的第二代中央领导集体对周边外交进行了有益的调整和探索，大大改善了中国的周边环境，为全面拓展中国与周边国家的关系奠定了坚实的基础。

（三）与邻为善、以邻为伴

冷战结束后，以江泽民同志为核心的党的第三代中央领导集体针对更加复杂的周边环境，将周边外交工作放到了更突出的位置，对睦邻友好的周边外交理念进行了进一步阐释和发展。1992年的《政府工作报告》提出，继续发展同周边国家睦邻友好关系是我国外交政策的重要组成部分。[①]2001年，江泽民在周边安全问题座谈会上指出，在新世纪，加强睦邻友好关系，进一步稳定周边，具有重大的现实意义和深远的历史意义。[②] 此后，党的十六大报告正式提出了"与邻为善、以邻为伴"的周边外交方针，报告指出：中国将"继续加强睦邻友好，坚持与邻为善、以邻为伴，加强区域合作，把同周边国家的交流和合作推向新水平"。[③]"与邻为善、以邻为伴"是对新中国成立以来睦邻友好的周边外交政策

---

① 中共中央文献研究室：《十三大以来重要文献选编》（下），人民出版社1993年版，第2012页。

② 《江泽民文选》第三卷，人民出版社2006年版，第313页。

③ 《中国共产党第十六次全国代表大会文件汇编》，人民出版社2002年版，第47页。

的高度概括和周边外交实践经验的科学总结，对中国的周边外交产生了深远影响。

在党的第三代中央领导集体的努力下，中国的周边外交工作经受住了世界格局变化的巨大挑战，取得了一系列成绩。中国实现了同新加坡等国的建交，并同独立后的原苏联各加盟共和国建交，同周边国家全面建交的格局基本形成；中日关系取得突破，1998年，江泽民完成了中国对日本的首次元首访问；中国本着友好协商、公平合理的原则，与老挝、哈萨克斯坦、吉尔吉斯斯坦、塔吉克斯坦等国彻底解决了历史遗留的边界问题；中国与周边国家展开了多层次全方位的合作，并在"上海五国"元首会晤机制的基础上与俄罗斯、哈萨克斯坦、吉尔吉斯斯坦、塔吉克斯坦、乌兹别克斯坦共同成立了上海合作组织，推动了地区合作机制的发展；在1997年的亚洲金融风暴中，中国展现出大国的责任与担当，坚持人民币不贬值，对亚洲金融、经济的稳定起到了关键作用；中国倡导新安全观，并以寻求柬埔寨问题的政治解决、推动朝鲜半岛局势缓和、改善中印关系、化解印巴危机等举措践行这一新安全观。党的第三代中央领导集体在周边外交上所取得的成绩为21世纪以来中国周边外交工作的开展创造了十分有利的条件。

（四）睦邻、安邻、富邻

21世纪以来，以胡锦涛同志为总书记的党中央继承和发展了

"与邻为善、以邻为伴"的周边外交方针,并在此基础上提出了"和谐亚洲"和"睦邻、安邻、富邻"等重要的周边外交思想。"和谐亚洲"的概念最早由胡锦涛在 2006 年亚洲相互协作与信任措施会议上提出。他指出:"办好亚洲的事情,必须依靠亚洲各国和各国人民的团结协作。中国将坚定不移地走和平发展道路,同所有亚洲国家携手建设一个持久和平、共同繁荣的和谐亚洲。"①"和谐亚洲"周边外交理念成为发展同亚洲各国关系、构建和谐世界的重要外交理念。"睦邻、安邻、富邻"的提出最早要追溯到唐家璇 2003 年在"大湄公河次区域经济合作部长级会议"上的讲话,唐家璇在会上说,中国只会做"安邻""富邻"的事,绝不会做"欺邻""扰邻"的事。2003 年 10 月 7 日,温家宝在首届"东盟商业与投资峰会"上第一次完整地提出了"睦邻""安邻""富邻"的外交理念,并详细阐述了其具体内涵。"睦邻、安邻、富邻"是对"与邻为善、以邻为伴"的进一步阐述,二者为当前中国周边外交基本方针的制定提供了理论基础。

在这一时期,中国抓住了国内快速发展和周边环境稳定的良好契机,周边外交工作取得长足进展。中国与俄罗斯、吉尔吉斯斯坦、塔吉克斯坦、越南等国签署边界条约,成功解决了中国北部陆地边界问题和中越陆地边界问题;中印关系取得历史性突破,印度迎来了历史上首位中国元首的访问;2004 年,全球首家孔子

---

① 胡锦涛:《携手建设持久和平、共同繁荣的和谐亚洲——在亚洲相互协作与信任措施会议成员国领导人第二次会议上的讲话》,《人民日报》2006 年 6 月 18 日。

学院在韩国首尔正式设立，中国对周边国家的文化传播与交流深入发展；中国与周边国家的经济合作获得巨大收获，并于这一时期建成了发展中国家间最大的自由贸易区"中国—东盟自由贸易区"。以胡锦涛同志为总书记的党中央在继承历史上周边外交工作的基础上，为中国周边外交作出了新的贡献。至此，经过党的历届领导人的努力，中国同周边国家基本形成了睦邻友好、互利共赢的局面，为当前中国周边外交的进一步开展创造了良好的环境和基础。

（五）亲、诚、惠、容

党的十八大以来，中国的周边形势复杂多变，机遇和挑战并存。得益于综合国力的巨大提升和周边外交工作的不断调整和完善，中国的周边环境总体上处于良好状态。中国同周边国家的政治互信不断增强、经济往来日益频繁、安全合作成果显著、文化交流深入开展，形成了睦邻合作、互利共赢的局面。然而，伴随着中国快速崛起，中国周边地区的不稳定因素也在增多。一方面，中国周边地区所受的非传统安全威胁正日益增加。另一方面，在传统安全领域，中国也一度同周边国家发生了政治关系紧张、领土争端激化、经济摩擦加剧等问题。面对周边环境复杂多变的新形势，及时调整周边外交政策，以应对新形势下的新问题显得尤为重要。

在这种情况下，2013 年 10 月，中央召开了"周边外交工作座谈会"，此次会议明晰了周边外交工作的思路和实施方案，确定了今后 10 年我国周边外交的战略目标、基本方针和总体布局，这是以习近平同志为核心的党中央针对国际形势的新变化以及中国的需要在外交布局上采取的一次重大行动。在这次座谈会上，习近平提出了"亲、诚、惠、容"的周边外交新理念。他指出，我国周边外交的基本方针，就是坚持与邻为善、以邻为伴，坚持睦邻、安邻、富邻，突出体现亲、诚、惠、容的理念。①"亲、诚、惠、容"四字箴言，是中国新一届政府着眼中国同周边国家关系新发展而提出的重要理念，既是对新中国 60 年睦邻友好政策的总结，也反映了我国周边外交理念的创新发展。

所谓"亲"，是指巩固地缘相近、人缘相亲的友好情谊，要坚持睦邻友好、守望相助，讲平等、重感情，常见面、多走动，多做得人心、暖人心的事，使周边国家对我们更友善、更亲近、更认同、更支持，增强亲和力、感召力、影响力；所谓"诚"，是指坚持以诚待人、以信取人的相处之道，要诚心诚意对待周边国家，争取更多朋友和伙伴；所谓"惠"，是指履行惠及周边、互利共赢的合作理念，要本着互惠互利的原则同周边国家开展合作，编织更加紧密的共同利益网络，把双方利益融合提升到更高水平，让周边国家得益于我国发展，使我国也从周边国家共同发展中获得

---

① 中共中央宣传部编：《习近平总书记系列重要讲话读本（2016 年版）》，学习出版社、人民出版社 2016 年版，第 270 页。

裨益和助力；所谓"容"，是指展示开放包容、求同存异的大国胸怀，要倡导包容的思想，强调亚太之大容得下大家共同发展，以更加开放的胸襟和更加积极的态度促进地区合作。

"亲、诚、惠、容"的周边外交新理念是新形势下中国坚持走和平发展道路的生动宣言，对于改善中国与周边国家的关系，实现中国与周边国家的合作共赢，引领中国同周边国家关系不断发展起到重要的指导作用。它的提出，表达了中国与邻国增进感情、坦诚相待、互惠互利、包容发展的愿望。中国将在周边外交新理念的指导下继续巩固和加强同周边国家的睦邻友好关系，消除周边国家的误解，克服前进道路上的困难，减少摩擦，实现区域内的协同发展。

二、强化与周边国家各领域交往合作

开展同周边国家在各领域的交流合作对于践行"亲、诚、惠、容"周边外交理念、实现睦邻友好互利共赢局面、争取良好周边环境具有重要意义。习近平指出，要"努力使周边同我国政治关系更加友好、经济纽带更加牢固、安全合作更加深化、人文联系更加紧密"[1]。在新时期，以习近平同志为核心的党中央积极开展同

---

[1] 《习近平谈治国理政》，外文出版社 2014 年版，第 297 页。

周边国家在各领域的交流合作，取得了显著成绩。

（一）开展高层互访、加强政治互信

政治合作是加强同周边国家各领域合作的基础。党的十八大以来，以习近平同志为核心的党中央紧紧抓住战略契机，与周边国家"常见面、多走动"，在运筹周边国家关系时把握大局，收到了良好成效。

在这一时期，中国对周边国家展开了频繁的访问。2013 年，习近平主席访问土库曼斯坦、哈萨克斯坦、乌兹别克斯坦、吉尔吉斯斯坦、印度尼西亚、马来西亚；李克强总理访问印度、巴基斯坦、文莱、泰国、越南，并抵达塔什干出席上海合作组织成员国总理第十二次会议。2014 年，习近平主席访问韩国、蒙古、塔吉克斯坦、马尔代夫、斯里兰卡、印度，并抵达俄罗斯索契出席了第 22 届冬奥会开幕式；李克强总理访问俄罗斯、缅甸、哈萨克斯坦，并抵达曼谷出席大湄公河次区域经济合作领导人第五次会议。2015 年，习近平主席访问巴基斯坦、印度尼西亚、哈萨克斯坦、俄罗斯、越南和新加坡，并抵达菲律宾马尼拉出席了亚太经合组织第二十三次领导人非正式会议；李克强总理访问韩国、马来西亚。2016 年，习近平主席访问乌兹别克斯坦、柬埔寨、孟加拉国，并抵达印度果阿出席金砖国家领导人第八次会晤；李克强总理访问蒙古、老挝、吉尔吉斯斯坦、哈萨克斯坦、俄罗斯。

通过外交访问，中国同周边国家的关系更加密切，政治互信进一步增强。党的十八大以来，中国与周边国家共同发布了《中华人民共和国、俄罗斯联邦和印度共和国外交部长第十二次会晤联合公报》《中华人民共和国与俄罗斯联邦关于全面战略协作伙伴关系新阶段的联合声明》《中华人民共和国和印度共和国联合声明》《新时期深化中越全面战略合作的联合声明》《中华人民共和国和缅甸联邦共和国联合新闻公报》《中华人民共和国和大韩民国联合声明》《中华人民共和国和马来西亚建立外交关系40周年联合公报》《中华人民共和国和巴基斯坦伊斯兰共和国关于深化中巴战略与经济合作的联合声明》《中华人民共和国和新加坡共和国关于建立与时俱进的全方位合作伙伴关系的联合声明》《中华人民共和国、俄罗斯联邦、蒙古国发展三方合作中期路线图》《中华人民共和国和斯里兰卡民主社会主义共和国联合声明》《中华人民共和国和孟加拉人民共和国关于建立战略合作伙伴关系的联合声明》《中华人民共和国与菲律宾共和国联合声明》等一系列联合公报、声明。中国已经同8个周边国家签署睦邻友好合作条约，并愿同所有周边国家商签睦邻友好合作条约。上述文件反映了中国发展同周边国家关系的阶段性成果，有力地巩固和推动了中国同周边国家关系的良好发展。

（二）深化经贸合作、带动地区发展

中国十分重视与周边国家的经贸合作。习近平强调，要本着互惠互利的原则同周边国家开展合作，编织更加紧密的共同利益网络，把双方利益融合提升到更高水平，让周边国家得益于我国发展，使我国也从周边国家共同发展中获得裨益和助力。[①] 在这一思想的指导下，中国积极开展同周边国家的经贸合作，取得了突出成绩。

这一时期，中国对周边国家的进出口贸易总额和投资总额都得到增加。2011 年，中国同周边国家的进出口总额约为 1.18 万亿美元，2015 年这一数字增长为 1.25 万亿美元；2011 年中国对主要周边国家的直接投资净额约为 55 亿美元，2015 年这一数字增长为 174 亿美元。上述一系列宏观数据反映出中国同周边国家在经贸合作领域的重大进展。与此同时，中国与周边国家签订、发布了《上海合作组织成员国政府首脑（总理）关于进一步开展交通领域合作的联合声明》《中华人民共和国与俄罗斯联邦关于丝绸之路经济带建设和欧亚经济联盟建设对接合作的联合声明》《澜沧江—湄公河国家产能合作联合声明》《中国—东盟产能合作联合声明》等一系列有关经贸合作的文件、声明，这一系列经贸合作文件是实现中国与周边经济合作常态化、制度化的重要一步，为实现双方在未来经贸合作持续不断增长提供了有力保障。

这一时期，中国与周边国家在工程建设合作、能源合作、金融合作等具体领域的合作取得了突出成绩。在工程建设合作领域，

---

① 习近平：《编织更加紧密共同利益网络》，《人民日报·海外版》2013 年 10 月 26 日。

中国协助周边国家完成了中朝新鸭绿江大桥、中越铁路昆明至河口线、会晒大桥、中缅国际陆地光缆工程、中尼沙—拉公路、中塔公路、安格连—帕普铁路等一批重要基础设施项目的建设。在能源开采与合作领域，中国与俄罗斯、哈萨克斯坦等国签署了诸如《中俄东线供气购销合同》等一系列能源合作协议，一些油气管道如中亚天然气管道、中俄原油管道、中缅油气管道和中俄天然气管道相继落地，我国还从缅甸瑞丽江一级水电站和太平江一级水电站回购电力，这些举措有力地缓解了中国目前的资源紧张局面。在金融合作领域，离岸人民币市场实现了迅速发展，周边国家使用人民币结算的比重越来越高，例如，截至 2016 年 6 月，新加坡人民币存款总额达到 1420 亿元，人民币金融投资也正式被新加坡纳入其官方外汇储备；另据韩国银行统计，2016 年第三季度，韩国出口贸易中人民币结算金额达 22.39 亿美元，占比 1.84%。中国同周边国家的经贸合作为国内发展注入了动力，促进了地区的共同繁荣。

（三）密切军事合作、维护地区安全

习近平指出，要着力推进区域安全合作。我国同周边国家毗邻而居，开展安全合作是共同需要。要坚持互信、互利、平等、协作的新安全观，倡导全面安全、共同安全、合作安全理念，推进同周边国家的安全合作，主动参与区域和次区域安全合作，深化有关合作机制，增进战略互信。[①] 在这一思想的指导下，中国与周边国家的军事安全合作在党的十八大以来得到进一步推动和发展。中国与周边国家的军方高层多次进行互访并就有关问题展开友好会谈；中国军方高层先后出席了上海合作组织成员国国防部长会议、中越两军第三次边境高层会晤、中国—东盟国防部长非正式会晤等一系列重要的周边安全会议；中国海军护航编队、郑和舰、西部战区代表团、海警船对韩国、东帝汶、印度尼西亚、马来西亚、越南、柬埔寨、泰国、缅甸、孟加拉国、斯里兰卡、印度、巴基斯坦等周边国家进行访问；中国与越南、泰国、巴基斯坦、印度、塔吉克斯坦、吉尔吉斯斯坦、乌兹别克斯坦、哈萨克斯坦、俄罗斯等国就加强部队协同作战能力、维护地区非传统安全开展联合军演；中国与周边国家在军事技术领域的合作也逐渐深入，中国航空工业集团公司与俄罗斯直升机公司签署了共同研制先进重型直升机的合作框架协议。[②] 军事安全领域的合作提高了中国同周边国家的军事互信，增强了部队的协同作战能力，对加强中国同周边国家在军事安全合作领域的交流与合作、维护地区局势的安全与稳定起到十分积极的作用。

[①]　《习近平谈治国理政》，外文出版社 2014 年版，第 298 页。

[②]　张蕴岭、任晶晶：《中国周边安全形势评估报告（2015—2016）》，《中国周边外交学刊》2016 年第一辑。

（四）促进人文交流、增进彼此感情

党的十八大以来，中国扎实推进社会主义文化强国建设、提升中华文化软实力，在对外人文合作领域收获颇多。

中国利用与有关国家合办、互办"文化年""文化节""文化周""文化论坛"等活动的契机，加深与周边国家的文化交流与合作。党的十八大以来，中国先后主办或与有关国家合办了"中俄文化节"、第十三届"亚洲艺术节"、第二届和第三届"中朝经贸文化旅游博览会"与"中国—东盟文化论坛""柬埔寨文化周""加德满都文化论坛""中国—东盟文化交流年""中巴友好交流年""印度文化周"、中哈"丝绸之路中国文化日"、中蒙杭爱省"中国文化节"等一系列周边国家文化交流项目。同时，中国与周边国家举办了一系列有特色的文化交流活动，例如在历年春节举办的海外"欢乐春节"系列活动、2013 年 11 月至 12 月在韩国举办的"中国印·李岚清篆刻书法艺术展"、2013 年中日韩共同承办的首届"东亚文化之都"评选工作、2015 年 4 月举办的第 15 届中越青年友好会见活动、2016 年 9 月 30 日在菲律宾马尼拉市举办的"文化中国"国庆慰侨艺术团演出活动等，打造了新的文化交流品牌，丰富了文化交流的内容。

中国与周边国家在体育、科技、教育等领域的合作也取得较大进展。2013 年，中国为缅甸承办第 27 届东南亚运动会开闭幕式提供技术支持，赢得了各方盛赞，缅甸总统、副总统表示这是"缅中两国良好合作和双边关系牢固的象征"。2014 年 8 月，中国与蒙古举办了满都拉—杭吉口岸那达慕大会，促进了两国的体育和文化交流。中国与周边国家共同举办了中国—东盟高校校长国际合作论坛、第十届云南昆明国际教育博览会、红河流域大学校长论坛等高校合作论坛或会议，加深了中国同周边国家在教育领域的沟通与合作。作为中国同周边国家进行文化教育合作的代表机构，孔子学院在周边国家也得到了快速发展，截至 2016 年 12 月 31 日，中国在周边国家和地区建立孔子学院 113 所，建立孔子课堂 99 所。

综上所述，党的十八大以来，中国与周边国家在政治、经济、安全、人文等领域开展了深入的交流与合作，践行了"亲、诚、惠、容"的周边外交理念。这为中国的发展创造了一个良好的周边环境，对于巩固和发展中国与周边国家友好关系、促进周边地区经济的繁荣与发展、维护周边地区和平稳定的大局、增进中国同周边国家彼此之间的了解和感情起到十分积极的作用。中国将继续秉持"亲、诚、惠、容"周边外交理念，与周边国家共筑政治互信、经济互利、安全互助、文化互通、睦邻友好、合作共赢的良好局面。

三、积极推动周边对话合作机制建设

在经济全球化和区域一体化不断深入发展的时代，扩大国际合作、强化区域合作机制具有重要意义。推动与周边国家对话合作机制的建设，有助于扩大和深化中国与周边国家在各领域的交流合作，有助于周边地区合作的长期化、稳定化、持续化、机制化，有助于中国周边地区形成睦邻友好、合作发展的良好格局。党的十八大以来，中国本着互信互利、合作共赢的精神，积极推动和参与周边区域对话合作机制的建设。

（一）继续强化原有周边对话合作机制

在这一时期，一些原有的周边对话合作机制在以往的基础上得到了进一步发展，为中国继续建设周边对话合作机制提供了宝贵的经验，推动了地区合作的深入发展。

上海合作组织取得新的发展，国际影响力不断扩大。2013 年以来，上合组织召开了四次峰会，推动上合组织不断发展。首先，上合组织进行了扩员。2015 年的乌法峰会通过了关于启动接收印度、巴基斯坦加入上合组织程序的决议，2016 年的塔什干峰会通过了关于印度、巴基斯坦加入上合组织义务的备忘录，上合组织扩员的大门正式打开。其次，上合组织的内部机制日益完善，新的合作文件、合作平台不断出台。党的十八大以来，上合组织先后签署或批准了《长期睦邻友好合作条约实施纲要》《上海合作组织成员国政府间国际道路运输便利化协定》《给予上海合作组织成员国地位程序》《关于申请国加入上海合作组织义务的备忘录范本》

修订案等合作文件，并在 2013 年比什凯克峰会上宣布成立上合组织睦邻友好合作委员会。最后，在上合组织的带动下，成员国之间的经贸、金融、能源、交通等各领域交流合作深入发展，民间交往、人文交流和对外交往不断扩大，对成员国的经济繁荣、安全稳定、交流合作起到了极大的促进作用。

与东盟的合作机制得到深化。党的十八大以来，中国利用中国—东盟（10+1）领导人会议机制，加强与东盟的合作、阐述中国的主张、推动了地区合作的发展。2013 年 10 月，习近平访问东南亚，全面阐述了中国对东盟政策，提出愿与东盟国家携手建设中国—东盟命运共同体，倡议探讨签署中国与东盟国家睦邻友好合作条约、筹建亚洲基础设施投资银行、建设"21 世纪海上丝绸之路"等，为中国—东盟关系未来发展指明了方向。[①] 李克强先后出席第 16—19 次中国—东盟（10+1）领导人会议，他高度评价了中国—东盟（10+1）合作机制所取得的成绩，重申支持东盟一体化进程，提出构建"2+7"合作框架。除中国—东盟（10+1）领导人会议机制外，中国还推动"东盟10+3""东盟10+6"乃至"东盟10+8"合作机制的发展，以东盟为纽带，构建中国与亚太地区广大国家的合作机制，将中国—东盟（10+1）的成功经验推广到更多地区，促进地区合作的广泛、深入开展。

中国积极参与并推动亚洲相互协作与信任措施会议、亚洲太

<hr/>

① 中华人民共和国外交部政策规划司编：《中国外交：2014 年版》，世界知识出版社2014 年版，第 254 页。

平洋经济合作组织、东亚峰会、香格里拉峰会等一系列周边对话合作机制的发展。2014 年 5 月 20 日，亚信峰会在上海举行，习近平在峰会上进行主旨发言并指出，应该积极倡导共同安全、综合安全、合作安全、可持续安全的亚洲安全观，创新安全理念，搭建地区安全合作新架构，努力走出一条共建、共享、共赢的亚洲安全之路。2014 年 11 月 11 日，亚太经合组织第二十二次领导人非正式会议在北京召开，习近平致开幕词，他指出，亚太经济体需要共同构建互信、包容、合作、共赢的亚太伙伴关系，为亚太地区和世界经济发展增添动力。2015 年是东亚峰会成立十周年，东亚峰会在吉隆坡召开，李克强出席并发表讲话，他在讲话中高度评价了东亚峰会成立十年来所取得的成就，并提出，站在新的起点上，我们应继续坚持"领导人引领的战略论坛"定位，坚持东盟主导地位，坚持发展和安全"双轮驱动"，坚持各机制协调发展。党的十八大以来，中国人民解放军高层参加了四届香格里拉对话，在峰会上，中国军方就亚洲安全观、南海争端、维护地区安全、避免国家间利益冲突、军事现代化、亚太安全合作、推进地区安全治理等问题进行了探讨与对话，对亚太地区安全对话机制的发展产生积极意义。

（二）建设和发展新的周边对话合作机制

在强化原有周边对话合作机制的同时，中国积极参与到新的周边对话合作机制的建设中，取得了积极成效，为地区合作的机制化建设增添了新的动力。

中国积极推动同周边国家自由贸易区的建设，取得一系列成果。2014年8月，中国和东盟启动中国—东盟自贸区升级版谈判；2014年11月，在亚太经合组织北京峰会上，中国倡导建立亚太自贸区，得到广大成员国的支持；2015年6月1日，中韩双方代表在首尔正式签署《中韩自由贸易协定》，中韩自贸区取得关键进展；中国积极推动中日韩、中斯自贸区谈判，并取得阶段性进展。上述自由贸易区的建设和发展，对于推进新一轮对外开放、激发地区增长潜力、推进地区经济繁荣与合作起到积极作用。

中国提倡建设同周边国家的经济走廊，得到有关国家的支持和响应。2013年，李克强在访问巴基斯坦和印度期间，分别提出了打造中巴经济走廊和孟中印缅经济走廊的设想，得到了有关国家的积极响应；2013年3月，《推动共建丝绸之路经济带和21世纪海上丝绸之路的愿景与行动》明确提出，"中巴、孟中印缅两个经济走廊与推进'一带一路'建设关联紧密，要进一步推动合作，取得更大进展"；[①]2014年9月11日，习近平在出席中蒙俄三国元首会晤时，提出了打造中蒙俄经济走廊的倡议。目前，上述建设经济走廊的倡议正逐步得到落实，取得了重要成绩。

中国积极参与建设澜沧江—湄公河次区域经济合作机制。

---

① 《推动共建丝绸之路经济带和21世纪海上丝绸之路的愿景与行动》，《人民日报》2015年3月29日。

2014 年 11 月，李克强在缅甸内比都举行的第十七次中国—东盟
（10+1）领导人会议上首次提出建立"澜沧江—湄公河对话合作机
制"的倡议。2015 年 11 月 12 日，澜湄合作首次外长会正式举行，
各国在会上正式宣告成立"澜沧江—湄公河合作机制"。2016 年 3
月 23 日，澜湄合作机制首次领导人会议在中国海南三亚举行，确
定将以政治安全、经济和可持续发展、社会人文为三大合作支柱，
优先发展互联互通、产能、跨境经济、水资源和农业减贫方面的
合作。① 目前，澜湄合作机制已取得 70 多项早期收获，该机制对
于拉近六国在政治、经济、社会等领域的关系，实现互利共赢，
促进六国间一些具体问题的解决发挥出重要作用。

此外，中国倡导构建亚洲经贸新体系，并帮助筹建了一系列
金融机制，为深化区域合作、促进互利共赢、推进互联互通作出
了重大贡献。李克强在第 16 次中国—东盟（10+1）领导人会议上
提出，中国与东盟各国应当积极探讨制定区域金融合作的未来发
展路线图，打造亚洲货币稳定体系、亚洲信用体系和亚洲投融资
合作体系。2014 年 10 月，中国同印度等 21 个亚洲国家签署了筹
建亚洲基础设施投资银行备忘录，启动授权资本为 1000 亿美元的
亚洲区域基础设施建设投融资新机制，有效促进亚洲国家在基础
设施领域的投资。2014 年 11 月，中国倡议召开了"加强互联互通
伙伴关系对话会"，宣布投资 400 亿美元成立丝路基金，以加强丝

---

① 卢光盛：《澜沧江—湄公河合作机制与中国—中南半岛经济走廊建设》，《东南亚纵横》
2016 年第 6 期。

路沿线地区的基础设施建设，推动亚洲的互联互通。

党的十八大以来，中国新一届政府在继续巩固和加强原有周边对话合作机制的基础上，推动了一系列新的周边对话合作机制的建立和发展。这一举措有助于中国同周边国家的长期合作，有助于促进地区繁荣和稳定。中国将继续推动地区合作机制的建设，为地区合作贡献自己的力量。

四、维护周边环境及地区局势的稳定

目前，中国的周边环境总体上是稳定的，睦邻友好、互利合作是周边国家对华关系的主流。不过，中国的周边环境一向错综复杂，一些地区热点问题在近几年又在一定程度上发生激化，给地区安全和稳定带来了隐患。对此，中国在国际和地区热点问题上继续发挥建设性作用，坚持劝和促谈，为通过对话谈判妥善处理有关问题作出不懈努力，并在坚定捍卫国家主权、安全、领土完整的基础上，妥善处理同有关国家的分歧和摩擦，努力维护周边关系和地区和平稳定大局。

（一）维护朝鲜半岛局势稳定

近几年来，朝鲜半岛局势高度紧张。朝鲜和韩国在这一时期内爆发了"无人机"事件、海上交火事件、互射炮弹事件等多起严重冲突。朝鲜为对抗美韩的军事威胁，在 2013 年之后进行了三次核试验和多次导弹试验，其中包括了 2016 年 1 月 6 日由朝鲜方面宣称的"氢弹"试验。面对朝鲜越来越强的核威胁，韩国于 2016 年 2 月 7 日宣布将与美国磋商在朝鲜半岛部署"萨德"系统，并与美国举行了数次联合军事演习，这些军演规模庞大、进攻性强，明显针对朝鲜。朝鲜为此也进行了军事演习，以示还击。总体来看，朝鲜半岛的和平稳定进程陷入僵局，对抗双方缺乏对彼此的信任，六方会谈陷入停滞，韩国部署"萨德"系统的行为更是危害到地区的安全和稳定。

对此，中国呼吁有关各方从维护半岛和平稳定大局出发，冷静应对当前形势，始终坚持对话协商的正确方向。中国外交部长王毅在记者会上表示："如果紧张加剧甚至失控，对各方都将是灾难。作为半岛最大邻国，中方不会坐视半岛稳定受到根本破坏，不会坐视中国安全利益受到无端损害。我们强烈敦促各方面理性克制，不要再激化矛盾。"① 对于朝鲜接连进行核试验和导弹试验这一问题，中国表示，将坚持朝鲜半岛无核化这一既定目标，反对朝鲜进行核试验，同时坚持通过对话谈判解决核问题。对于韩国允许美军部署"萨德"系统的问题，中国表示这不利于缓解当前紧张局势，也不利于地区和平稳定，并将损害中国的战略安全利益。中国会坚决维

---

① 《外交部长王毅就中国的外交政策和对外关系答记者问》，2016 年 3 月 8 日，见 http:// www.npc.gov.cn/npc/zhibo/zzzb24/node_29882.htm。

护自身正当利益和战略安全环境，反对以核问题为借口在朝鲜半岛部署"萨德"系统。为维护地区局势，加快朝鲜核问题和"萨德"系统部署问题的解决，促进有关各方间的政治信任，中国提出在推动半岛无核化的过程中将半岛停战机制转换为和平机制，并表示愿作出建设性努力，推动在六方会谈框架下重启对话。

（二）以和平方式妥善解决领土争端

在近几年，中国与日本、菲律宾、越南、印度等国的领土争端出现激化。日本上演"购岛"闹剧，中日关系一度到了对抗边缘；南海争端迟迟得不到解决，一些周边国家通过各种方式强化对南海岛屿的非法占领；中印在这一时期也发生了冲突和矛盾，两国在边境地区发生"帐篷对峙"事件。这些领土争端影响到中国国内的建设发展，不利于地区的和平与稳定。对此，习近平指出，我们主张通过协商和对话妥善管控分歧，解决争议，在事关中国主权和领土完整的重大原则问题上，我们不惹事，但也不怕事，坚决捍卫中国的正当合法权益。[①]

对于中日钓鱼岛争端，中国在坚决捍卫领土主权完整的原则下，力图通过和平手段解决这一问题。在日本政府宣布钓鱼岛"国有化"之后，中国明确作出回应："钓鱼岛是中国固有领土，无论

---

① 《实现中华民族伟大复兴中国梦的正确指引（深入学习贯彻习近平同志系列重要讲话精神）》，《人民日报》2014年4月24日。

从历史归属还是法律依据来看，中国对钓鱼岛都拥有无可争辩的主权。"此后，中国政府运用国际法等手段，对于日本的挑衅行为采取了一系列有理、有利、有节的反制措施：公布了钓鱼岛及其附属岛屿等71个岛屿的名称，公布钓鱼岛及其附属岛屿的领海基点基线，向联合国提交领海基点基线坐标表和海图，对钓鱼岛海域实行常态化的巡航和管理，宣布划设东海防空识别区，等等。中国维护钓鱼岛主权的行为得到了国际社会的支持，钓鱼岛问题正在向着有利于中国的方向转变。在坚决捍卫对钓鱼岛的主权的同时，中国也在努力逐步改善同日本的关系，2014年11月，习近平首次同日本首相安倍晋三举行双边会晤，两国公布了改善双边关系的四点共识，中日双方同意通过对话磋商防止局势恶化，建立危机管控机制，以避免发生不测事态。

对于南海地区的领土争端，中国在坚持"主权属我、搁置争议、共同开发"的方针下，积极同有关国家进行协商和沟通，实现南海问题的和平解决。我们的正当立场得到了来自近120个国家和240多个不同国家政党的理解和支持。在中国的努力下，有关国家的紧张关系得以缓和，南海问题正在和平、积极、有序地得到解决。2013年8月5日，中国外交部长王毅表示，中国与东盟各国已同意在落实《南海各方行为宣言》框架下探讨推进"南海行为准则"进程，以共同维护南海地区的和平与稳定。① 马来

---

① 《王毅谈"南海行为准则"进程》，2013年8月5日，见 http://news.xinhuanet.com/world/2013-08/05/c_116814384.htm。

西亚外长阿尼法表示，马中两国同意根据《南海各方行为宣言》解决相关问题，同意加快完成"南海行为准则"。曾经一度陷入危机的中菲南海争端在菲律宾总统杜特尔特访华之后得到了很大程度的解决，双方领导人一致同意，要恢复到五年前的中菲协议，通过双边对话磋商妥善处理好南海问题。2016 年，中国和东盟国家外交部长发表了关于全面有效落实《南海各方行为宣言》的联合声明。我们围绕南海仲裁案采取的一系列正义之举，还了中国以公道，也给南海及亚太地区重新带来了和平、稳定、合作的宝贵环境。

对于中印领土争端，中国主张以和平方式用政治谈判的手段解决问题。虽然中印两度发生"帐篷对峙"事件，但是从总体上看，中印两国的关系仍然保持稳定，两国边界问题正在向着积极方向发展。在 2013 年中印第一次"帐篷对峙"事件之后，中印领导人在两年内展开多次互访，增加了彼此间的政治互信。2015 年8 月，中印两军在 2013 年发生对峙的地点设立第五个边防会晤点。在 2015 年中印第二次"帐篷对峙"事件之后，中印两国高层进行互访，双方表示要妥善解决边界问题，维护边境地区和平，深化在经济、安全等各领域的合作。2016 年 5 月，印度时任总统慕克吉对中国进行国事访问，表示印中传统的睦邻友好关系在印度拥有广泛的民意基础，印度各党派一直支持发展好印中关系。在两国的共同努力下，中印边界的紧张局势得到缓和，虽然并没有彻底解决两国领土争端，但是为解决两国边界问题创造了条件。

(三) 维护地区非传统安全

自"阿拉伯之春"爆发以来，伊斯兰极端势力得到了急剧扩张，威胁到中国及其周边地区的安全。同时，在近几年来中国周边地区的海盗、跨国犯罪等问题也愈加严重。为此，中国依法积极开展同周边国家在打击恐怖主义、跨国犯罪等问题上的合作，维护地区的非传统安全。

在西北方向，非传统安全合作主要在上合组织的框架下进行，主要任务是打击恐怖主义、跨国犯罪以及防范"伊斯兰国"在中亚地区的扩散。2013 年以来，中国与其他上合组织成员国举行了四届代号为"和平使命"的联合反恐军演；2015 年 10 月 14 日，上海合作组织成员国在厦门市成功举行了"厦门—2015"网络反恐演习，这是上合组织首次举行针对互联网恐怖主义的联合演习。[①] 上合组织的反恐行动取得了显著成果，上合组织秘书长阿利莫夫说，在（上合组织）地区反恐机构的协助下，仅在 2015 年，就有 150 余名国际恐怖组织成员被消灭，1000 多名恐怖分子的帮凶被逮捕。[②] 除与上合组织成员国进行非传统安全合作外，中国与巴基斯坦、阿富汗也在打击恐怖主义和跨国犯罪等领域展开合作，

---

① 《上合组织首次网络反恐演习在中国厦门成功举行》，2015 年 10 月 14 日，见 http:// politics.people.com.cn/n/2015/1014/c1001-27697762.html。

② 《上合组织 2015 年协助消灭 150 余名恐怖分子》，2016 年 5 月 31 日，见 http://news. xinhuanet.com/2016-05/31/c_1118965345.htm。

有关国家分别开展了"阿中巴塔"四国军队反恐合作高级领导人会议、中巴"友谊—2016"陆军联合反恐训练等反恐行动，促进了地区非传统安全合作的机制化。

在西南方向，中国加强了同东南亚国家和印度的合作，以应对来自中南半岛和南亚次大陆的非传统安全威胁。2013年9月，中国参加了东盟防长扩大会议机制首次反恐演练；2013年11月，《亚洲地区打击海盗和武装劫船合作协定》反海盗高官会在广西桂林召开，中国、日本、韩国、印度、斯里兰卡、孟加拉国和东盟十国悉数派代表出席，与会各成员国代表就进一步加强各成员国间反海盗工作的协调、配合并建立信息共享机制达成了普遍共识；2014年9月，首届中国—东盟警学论坛在南宁召开，与会各国在打击跨国人口拐卖、毒品犯罪、电信诈骗犯罪及加强国际反恐警务合作等方面开展交流；①2014年10月，中国和巴基斯坦组织了"喜马拉雅1号"海上联合演练，此次演练双方交流了反海盗的经验，进一步提高了双方舰艇联合指挥与协同配合的能力；2015年5月，中国承办了第13届"东盟地区论坛"反恐与打击跨国犯罪会议；2015年9月，中国和马来西亚进行了首次"和平友谊—2015"联合实兵演习；2016年9月28日，中缅第五次执法安全合作会议召开，双方就打击恐怖主义、跨国犯罪等问题达成一致；2016年11月，中国和印度共同进行了"携手—2016"陆军

---

① 《首届中国—东盟警学论坛在南宁召开》，2014年9月12日，见 http://gx.people.com.cn/n/2014/0912/c179430-22290656.html。

反恐联合训练。[①] 上述非传统安全问题的合作对于打击跨国犯罪、防止以"伊斯兰国"为代表的新兴恐怖主义势力对中国西南边陲进行渗透起到积极作用。

党的十八大以来，以习近平同志为核心的党中央审时度势，针对不同问题采取了不同应对手段，在维护朝鲜半岛局势、解决与有关国家领土争端、维护地区非传统安全等热点问题上发挥建设性作用，为维护地区局势稳定作出了贡献。周边地区局势的稳定，有助于中国国内经济的发展，有助于促进地区繁荣。中国还将继续在解决地区热点问题上发挥自己的作用，尽力维护周边环境及地区局势的稳定。

新形势下开展周边外交工作，对我国发展具有重要意义。习近平强调，做好新形势下周边外交工作，要从战略高度分析和处理问题，提高驾驭全局、统筹谋划、操作实施能力，全面推进周边外交。[②] 在新时期，中国致力于加强与周边国家在各领域的交流合作、积极推动周边对话合作机制建设、尽力维护周边环境及地区局势的稳定，取得了巨大收获，践行了"亲、诚、惠、容"的外交理念。在今后，中国将继续坚持"与邻为善、以邻为伴，睦邻、安邻、富邻"的周边外交基本方针，突出体现亲、诚、惠、容的理念，将中国同周边国家的睦邻友好关系发展到新的高度。

---

① 《中缅第五次执法安全合作会议在内比都举行》，2016 年 9 月 28 日，见 http://news.xinhuanet.com/2016-09/28/c_1119642285.htm。

② 《习近平谈治国理政》，外文出版社 2014 年版，第 298 页。

第五章

积极实施"一带一路"倡议

进入 21 世纪，在以和平、发展、合作、共赢为主题的新时代，面对复苏乏力的全球经济形势、纷繁复杂的国际和地区局面，传承和弘扬丝绸之路精神更显重要和珍贵。2013 年 9 月和 10 月，习近平在出访中亚和东南亚国家期间，先后提出共建"丝绸之路经济带"和"21 世纪海上丝绸之路"（简称"一带一路"）的重大倡议，得到国际社会高度关注。"一带一路"倡议是在古代丝绸之路基础上创造性形成的、全方位推进中国与欧亚非各国各领域务实合作的一种新型多边跨区域经济合作架构，它秉持开放的区域合作精神，致力于欧亚非大陆及附近海洋的互联互通、维护全球自由贸易体系和开放型世界经济，旨在促进经济要素有序自由流动、资源高效配置和市场深度融合，推动沿线各国实现经济政策协调，开展更大范围、更高水平、更深层次的区域合作，共同打造政治互信、经济融合、文化包容、互联互通、互利共赢的欧亚非利益共同体、命运共同体和责任共同体，实现欧亚非各国共同发展、共同繁荣。共建"一带一路"符合国际社会的根本利益，彰显人类社会共同理想和美好追求，是国际合作以及全球治理新模式的积极探索，将为世界和平发展增添新的正能量。

一、"一带一路"倡议提出的时代背景

随着全球性问题与危机的蔓延以及中国经济实力与战略影响力的提升，中国需要在统筹国内国际两个大局的基础上通过积极构建新的多边区域合作模式与制度框架以进一步扩大对外开放、维护和发展开放型世界经济、推动全球治理体制公正合理变革。在此背景下，2013 年 9 月，习近平在哈萨克斯坦纳扎尔巴耶夫大学发表题为《弘扬人民友谊 共创美好未来》的重要演讲时提出："为了使欧亚各国经济联系更加紧密、相互合作更加深入、发展空间更加广阔，我们可以用创新的合作模式，共同建设'丝绸之路经济带'，以点带面，从线到片，逐步形成区域大合作。"[1]2013 年 10 月，习近平在印度尼西亚国会发表题为《携手建设中国—东盟命运共同体》的主题演讲阐述中国对印尼和东

---

[1] 习近平：《弘扬人民友谊 共创美好未来——在纳扎尔巴耶夫大学的演讲》，《人民日报》2013 年 9 月 8 日。

盟睦邻友好政策时表示:"东南亚地区自古以来就是'海上丝绸之路'的重要枢纽,中国愿同东盟国家加强海上合作,使用好中国政府设立的中国—东盟海上合作基金,发展好海洋合作伙伴关系,共同建设21世纪'海上丝绸之路'。"①2013年11月,党的十八届三中全会通过的《中共中央关于全面深化改革若干重大问题的决定》明确指出,要加快同周边国家和区域基础设施互联互通建设,推进"丝绸之路经济带""21世纪海上丝绸之路"建设,形成全方位开放新格局。②至此,"丝绸之路经济带"与"21世纪海上丝绸之路"上升到国家战略层面。

为推进"一带一路"建设和欧亚非各国互联互通与经济一体化的进程,2014年10月,中国联合印度、新加坡、哈萨克斯坦等21国发起成立亚洲基础设施投资银行(AIIB),并出资400亿美元设立丝路基金强化"一带一路"沿线国家在基础设施、交通运输、资源能源、金融贸易等领域合作。2015年3月,国家发展改革委、外交部、商务部联合发布了《推动共建丝绸之路经济带和21世纪海上丝绸之路的愿景与行动》(以下简称《愿景与行动》),《愿景与行动》从时代背景、共建原则、框架思路、合作重点、合作机制、中国各地方开放态势、中国积极行动、共创美好未来等八个方面对"一带一路"倡议进行了全面阐述和系统规

---

① 习近平:《携手建设中国—东盟命运共同体——在印度尼西亚国会的演讲》,《人民日报》2013年10月4日。

② 《中共中央关于全面深化改革若干重大问题的决定》,《人民日报》2013年11月16日。

划，①"一带一路"倡议从顶层战略构想开始进入务实合作阶段。2016 年 8 月，推进"一带一路"建设工作座谈会在北京召开，会议对推进"一带一路"建设作出了进一步部署。习近平出席座谈会并发表重要讲话，强调要以钉钉子精神一步一步把"一带一路"建设推向前进，让"一带一路"建设造福沿线各国人民。②

"一带一路"倡议是党中央、国务院根据全球形势变化和我国发展面临的新形势新任务，统筹国内外两个大局作出的重大战略决策，是我国首次在国际社会提出的宏大区域合作倡议，也是以全新视野对中国新一轮对外开放所进行的战略构想，它的提出有着深刻的时代背景。

（一）中国扩大对外开放和构建开放型经济新体制的需要

改革开放 30 多年来，中国对外开放取得了举世瞩目的成就，2010 年中国经济总量超过日本成为全球第二大经济体，2013 年中国进出口贸易总额突破 4 万亿美元，取代美国成为全球最大

---

① 《推动共建丝绸之路经济带和 21 世纪海上丝绸之路的愿景与行动》，《人民日报》2015 年 3 月 29 日。
② 《总结经验　坚定信心　扎实推进　让"一带一路"建设造福沿线各国人民》，《人民日报》2016 年 8 月 18 日。

的贸易国。但受地理区位、自然环境、资源禀赋、基础设施等因素的影响，中国对外开放格局总体呈现"东快西慢、海强陆弱"格局。[①] 此外，中国经过多年经济的高速、持续经济增长，现已经积累了大量过剩优质产能。根据国际货币基金组织(IMF)测算，中国产业产能利用率不超过 65%，而中国的欧美等传统出口市场已经饱和，难以消化国内过剩的优质产能。在国内区域发展不平衡和传统出口市场饱和的情况下，中国急需进一步提升对外开放程度，开辟新的出口市场。面对新的经济形势，中国将构建开放型经济新体制、推进更高水准的对外开放作为中国总体发展战略中的重要内容。2013 年 11 月，党的十八届三中全会提出："适应经济全球化新形势，必须推动对内对外开放相互促进、引进来和走出去更好结合，促进国际国内要素有序自由流动、资源高效配置、市场深度融合，加快培育参与和引领国际经济合作竞争新优势，以开放促改革，构建开放型经济新体制。"[②] 因此，"一带一路"的建设将有助于进一步提升中西部地区经济发展和对外开放水平，推动中国经济发展方式和产业结构的转型升级，促进中国经济与世界经济体系的深度对接和融合，形成全方位对外开放格局。习近平曾形象指出："这'一带一路'，就是要再为我们这只大鹏插上两只翅膀，建设好了，

---

① 中国现代国际关系研究院编：《"一带一路"读本》，时事出版社 2015 年版，第 14—15 页。

② 《中共中央关于全面深化改革若干重大问题的决定》，《人民日报》2013 年 11 月 16 日。

大鹏就可以飞得更高更远。"①

（二）中国拓展地缘战略空间和维护国家安全的需要

中国的快速崛起和全球地缘政治经济格局的急剧变化引发了世界主要国家和中国周边国家新一轮的地缘战略调整。美国联合日本、印度、菲律宾等盟国通过"亚太再平衡"战略和"跨太平洋伙伴关系协定"（TPP）加强了对中国的遏制与围堵，不断挤压中国的地缘战略空间，加之钓鱼岛问题、南海问题、朝鲜核问题等地区热点问题的持续发酵和升温，使中国在亚太地区面临严峻的地缘政治挑战。除了地缘政治环境的恶化，中国在国家经济与边疆安全方面的形势也不容乐观。中国的经济重心、产业布局、基础设施主要集中于东部沿海地区，进出口货物以及对外依存度较高的油气、矿产等资源也主要通过沿海海路进行运输，这决定了中国经济发展对海路通道的过度依赖。随着美国、日本和一些东南亚国家对华挤压和围堵步伐的加快，中国东部沿海和海上贸易通道的安全压力大幅度增加。与此同时，中国西部边疆则长期受到暴力恐怖势力、民族分裂势力、宗教极端势力"三股势力"以及走私、武装贩毒、敲诈勒索等跨国犯罪活动的侵扰和冲击。面对着错综复杂的地缘政治环境

---

① 中共中央宣传部编：《习近平总书记系列重要讲话读本（2016年版）》，学习出版社、人民出版社2016年版，第266页。

和外部安全压力，中国亟须创造性地调整地缘政治战略，开辟稳定安全的陆路通道，打造和平友好的安全屏障。在这种背景下，"一带一路"的建设将有助于深化中国与欧亚非各国尤其是周边国家的在政治、经济、安全等领域务实合作，加强相互间的政治互信和友好往来，对冲与缓解海陆安全压力，为中国拓展地缘战略空间、构筑和平稳定的地缘政治环境、维护国家经济与边疆安全创造条件。

（三）中国加强同欧亚非及世界各国互利合作与文明交流互鉴的需要

经过 30 多年的改革开放，中国已成为全球经济体系和全球治理体系中的重要成员，中国的发展进步离不开世界，世界的繁荣稳定也离不开中国。在当前世界多极化、经济全球化、文化多样化深入发展、国际金融危机深层次影响继续显现、全球经济复苏缓慢乏力、世界不同文明交流碰撞日趋激烈、世界各国发展问题依然严峻的形势下，如何进一步激发全球经济发展活力、挖掘国家间合作潜力、寻找新的经济增长区域和增长点、增强不同文明间的交流互鉴成为世界各国发展面临的重大课题。在此背景下，"一带一路"倡议的提出一方面契合了欧亚非各国加强互利合作的共同需求，不仅将为中国海外投资和企业"走出去"提供有利条件，也将同时为欧亚非各国摆脱发展困境、促进经济发展带来历史性机遇。据世界银行统计，1990—2013 年，"一带一路"沿线中 60 多个国家的全球贸易、外国直接投资增速分别达到 13.1% 和 16.5%，比全球平均水平高出了 5.3 个和 6.8 个百分点。[①]而在过去十几年，中国对"丝绸之路经济带"沿线各国的直接投资额从 1.8 亿美元增加到 86 亿美元，年均增加 54%。[②]另一方面，"一带一路"倡议的提出顺应了人类文明交流互鉴的历史潮流，沿线各国在相互交流中尊重彼此文明的多样性和发展道路的多元化，将有力地促进人类文明交流融合与进步发展，维护世界和平与稳定。因此，"一带一路"的建设将有助于培育和发展欧亚非跨区域经济增长极，深化中国同欧亚非及世界各国互利合作，增强不同文明间的交流互鉴，构建起世界最具发展潜力和包容精神的经济文化走廊。

二、"一带一路"倡议的基本内容与建设目标

"一带一路"是以中国改革开放的巨大发展成就为基础，继承和发扬和平合作、开放包容、平等互鉴、互利共赢的丝绸之路精神，超越发展水平、发展道路、文化传统和意识形态差异，推动

---

① 中国现代国际关系研究院编：《"一带一路"读本》，时事出版社 2015 年版，第 8 页。
② 秦玉才、周谷平、罗卫东主编：《"一带一路"读本》，浙江大学出版社 2015 年版，第 8 页。

沿线国家发挥各自优势、对接发展战略、优化资源配置、做大市场规模、提高发展效率，全面深化发展经济合作伙伴关系，共同打造政治互信、经济融合、文化包容的利益共同体、命运共同体和责任共同体的战略倡议。"一带一路"既是一条促进共同发展、实现共同繁荣的合作共赢之路，也是一条增进理解信任、加强全方位交流的和平友谊之路。

（一）"一带一路"倡议的基本内容

"一带一路"贯穿欧亚非大陆，一头是活跃的东亚经济圈，一头是发达的欧洲经济圈，中间广大腹地国家经济发展潜力巨大。根据《推动共建丝绸之路经济带和21世纪海上丝绸之路的愿景与行动》，我们可以梳理出"一带一路"倡议的大致走向和建设方向：

"丝绸之路经济带"重点畅通中国经中亚、俄罗斯至欧洲（波罗的海）；中国经中亚、西亚至波斯湾、地中海；中国至东南亚、南亚、印度洋。陆上依托国际大通道，以沿线中心城市为支撑，以重点经贸产业园区为合作平台，共同打造新亚欧大陆桥、中蒙俄、中国—中亚—西亚、中国—中南半岛等国际经济合作走廊。"21世纪海上丝绸之路"重点方向是从中国沿海港口过南海到印度洋，延伸至欧洲；从中国沿海港口过南海到南太平洋。海上以重点港口为节点，共同建设通畅安全高效的运输大通道。其中，中巴、孟中印缅两个经济走廊与推进"一带一路"建设关联紧密，要进一步推动合作，取得更大进展。

"一带一路"倡议在建设内容上主要是实现"五通"：政策沟通、设施联通、贸易畅通、资金融通、民心相通。在合作领域上重点推进八项合作：基础设施互联互通、提升经贸合作水平、大力拓展产业合作、深化能源资源合作、拓宽金融领域合作、密切人文交流合作、加强生态环境合作、全面推进海上合作。

作为一种新型跨区域合作架构，"一带一路"倡议具有开放、包容、互利、共赢的特点。当前，"一带一路"主要包括66个国家（除中国以外）和4条线路（如表5–1所示）。需要说明的是，"一带一路"不是中国单独推进或强加于他国的方案，也不是一个封闭性和排他性的方案，而是中国与欧亚非各国共商、共营、共建、共享的开放的合作方案，是连接欧亚非的广阔"朋友圈"，中国对有意愿参与"一带一路"建设的国家和地区持开放态度，欢迎沿线国家积极参与，所有感兴趣的国家都可以添加进"朋友圈"。①随着"一带一路"建设的推进，将有更多的国家和地区加入其中。

---

① 中共中央宣传部编：《习近平总书记系列重要讲话读本（2016年版）》，学习出版社、人民出版社2016年版，第267—268页。

表 5-1　"一带一路"倡议的涉及国家与主要线路

涉及国家（中国除外）	俄罗斯、蒙古及中亚 5 国	俄罗斯、蒙古、哈萨克斯坦、塔吉克斯坦、吉尔吉斯斯坦、乌兹别克斯坦、土库曼斯坦
	独联体其他 5 国及格鲁吉亚	白俄罗斯、乌克兰、阿塞拜疆、摩尔多瓦、亚美尼亚、格鲁吉亚
	西亚北非 16 国	伊朗、叙利亚、约旦、以色列、伊拉克、黎巴嫩、巴勒斯坦、埃及、土耳其、沙特阿拉伯、阿联酋、阿曼、科威特、卡塔尔、巴林、也门
	东南亚 11 国	印度尼西亚、柬埔寨、东帝汶、马来西亚、菲律宾、新加坡、泰国、文莱、越南、老挝、缅甸
	南亚 8 国	尼泊尔、不丹、阿富汗、巴基斯坦、印度、孟加拉国、斯里兰卡、马尔代夫
	中东欧及南欧 18 国	希腊、塞浦路斯、波兰、黑山、马其顿、波黑、阿尔巴尼亚、立陶宛、拉脱维亚、爱沙尼亚、捷克、斯洛伐克、匈牙利、斯洛文尼亚、克罗地亚、罗马尼亚、保加利亚、塞尔维亚
主要线路	北线	北京—俄罗斯—德国—北欧
	中线	北京—郑州—西安—兰州—乌鲁木齐—阿富汗—哈萨克斯坦—匈牙利—巴黎
	南线	泉州—福州—广州—海口—北海—河内—吉隆坡—雅加达—科伦坡—加尔各答—内罗毕—雅典—威尼斯
	中心线	连云港—郑州—西安—兰州—新疆—中亚—欧洲

资料来源：根据相关公开资料整理所得（截至 2016 年 12 月）。

（二）"一带一路"倡议的建设目标

"一带一路"倡议是对古丝绸之路的传承和提升，顺应了时代要求和欧亚非各国加快发展的愿望，提供了一个包容性巨大的发展平台，具有深厚历史渊源和人文基础，能够把快速发展的中国经济同欧亚非各国的利益结合起来，是一个发展的倡议、合作的倡议、开放的倡议。① 在建设目标上，"一带一路"倡议致力于推动建立以和平合作、共同发展为主旋律的区域经济新秩序，着力打造五大平台。

第一，中国区域经济协调与发展平台。"一带一路"倡议得到国内各省市的积极响应，各省市根据自身比较优势纷纷提出参与"一带一路"的规划和设想，实行更加积极主动的开放战略。例如，陕西提出打造"一带一路"新起点和桥头堡，甘肃提出打造"一带"黄金段，新疆提出打造"一带"核心区，福建提出打造"一带一路"互联互通枢纽，广东提出打造"一带一路"战略枢纽、经贸合作中心和重要引擎。总之，"一带一路"的建设将改变中国产业布局、基础设施布局现状，使中西部地区、东部地区和沿线国家连在一起，加速资金、技术、人才等国际国内生产要素有序自由流动，优化国内区域经济布局，加强东中西互动合作，促进各地区协调发展、协同发展、共同发展，为全面建成小康社会、实现中华民族伟大复兴的中国梦奠定坚实基础。

第二，地区与全球经济一体化合作平台。"一带一路"涉及60多个国家，总人口约44亿，经济总量约21万亿美元，具有广阔的发展前景。作为一种区域合作新模式，"一带一路"在实现中国自身发展的同时，其中一个重要的远景目标就是以点带面，从线到片，逐步推动欧亚非大陆自身以及与美洲、大洋洲的经济融

---

① 中共中央宣传部编：《习近平总书记系列重要讲话读本（2016年版）》，学习出版社、人民出版社2016年版，第267页。

合，实现地区与全球经济一体化。2014年12月，习近平在中共中央政治局第十九次集体学习时强调："要加强顶层设计、谋划大棋局，逐步构筑起立足周边、辐射'一带一路'、面向全球的自由贸易区网络，积极同'一带一路'沿线国家和地区商建自由贸易区。"①预计到2025年中国对"一带一路"沿线国家总投资的规模将达到1.6万亿美元，占到中国对外投资总额的70%。随着全球自由贸易区网络的形成与对外投资的扩大，"一带一路"将使中国与沿线国家合作更加紧密、往来更加便利、利益更加融合，也将为地区和全球经济一体化发挥更大作用。

第三，欧亚非利益、命运与责任共同体建设平台。"一带一路"沿线各国大多是新兴经济体和发展中国家，各国共同面临着发展经济、改善民生、维护稳定的重要任务，战略利益相近、战略理念相通、命运休戚与共。"一带一路"倡议的理想愿景是打造欧亚非利益共同体、命运共同体和责任共同体，实现欧亚非各国的共同发展与合作共赢。三个共同体相互联系、各有侧重，利益共同体强调各国经济互惠互利，命运共同体强调各国发展融合，责任共同体强调各国和平稳定，打造利益共同体、命运共同体和责任共同体重在实现各国间的互联互通。"一带一路"将在互联互通建设过程中把沿线各国更加紧密地联系起来，开辟新的经济增长区域、创造新的经济增长点，增进沿线各国的政治互信与睦邻友好，

---

① 《加快实施自由贸易区战略　加快构建开放型经济新体制》，《人民日报》2014年12月7日。

促进沿线各国的共同安全、合作安全以及文化互融互鉴，实现沿线各国全方位、高水平、深层次的合作共赢，进而形成政治互信、经济融合、文化包容的欧亚非利益共同体、命运共同体和责任共同体。

第四，全球治理方案与全球公共物品供给平台。当前，全球经济发展不平衡，南北差距仍然较大，"一带一路"沿线许多国家经济发展缓慢，基础设施亟须升级改造，但现有全球治理平台和开发性金融机构难以有效推动相关国家经济发展，也无法满足其经济建设的资金需求。党的十八届五中全会提出："必须奉行互利共赢的开放战略，发展更高层次的开放型经济，积极参与全球经济治理和公共产品供给，提高我国在全球经济治理中的制度性话语权。"① 为此，中国提出"一带一路"合作倡议来推动全球经济的复苏发展、均衡发展，并成立亚洲基础设施投资银行，出资 400 亿美元设立丝路基金向"一带一路"沿线国家基础设施、资源开发、产业合作等互联互通项目提供投资和融资支持。中国外交部长王毅对此指出，"一带一路"倡议的提出和实施标志着中国从国际体系的参与者向全球公共产品的提供者的转变。② 中国通过"一带一路"建设向全球治理输出公共产品将加快区域与全球一体化进程，缩小地区发展差距，造福沿

---

① 《中共十八届五中全会在京举行》，《人民日报》2015 年 10 月 30 日。
② 《王毅谈"一带一路"：倡议是中国的，机遇是世界的》，2016 年 3 月 8 日，见 http://www.fmprc.gov.cn/web/zyxw/t1345928.shtml。

线国家和人民。

第五,世界地缘政治经济与文明交流融合新格局构筑平台。"一带一路"是促进共同发展、实现共同繁荣的合作共赢之路,是增进理解信任、加强全方位交流的和平友谊之路,是推进不同文明间对话、交流、融合的文明互鉴之路,它将在构筑世界地缘政治经济与文明交流融合新格局中扮演积极角色。一方面,"一带一路"倡议不同于"核心—边缘"或"依附—被依附"的传统剥削式合作模式,也不同于西方崛起过程中所采用的殖民和强制的霸权式发展方式,它秉承共商、共建、共享原则,是和平的倡议、发展的倡议、合作的倡议、开放的倡议,是创新国际合作与全球治理模式的积极探索。另一方面,"一带一路"倡议不仅要实现沿线各国商品货物、基础设施的互联互通,更要实现欧亚非不同文明和文化间的交流融合与互学互鉴,它倡导文明、文化间的求同存异、吸收借鉴、和谐共处、共生共荣,是促进人类文明进步发展的有益实践。

三、"一带一路"倡议的合作基础与现实挑战

"一带一路"倡议追求更大范围、更高水平、更深层次的大开放、大交流、大融合。共建"一带一路"顺应了时代要求和欧亚非各国加快发展的愿望,符合国际社会的根本利益,具有广泛的

合作基础。但与此同时，欧亚非各国在历史文化背景、社会政治制度、经济发展水平、自然社会环境、外交战略与地缘利益诉求等方面都存在巨大的差异，共建"一带一路"也面临着诸多困难和挑战。

（一）"一带一路"倡议的合作基础

当前，世界经济融合加速发展，区域合作方兴未艾。共建"一带一路"是中国的倡议，也是中国与欧亚非国家的共同愿望，这为共建"一带一路"奠定了良好的合作基础。

第一，经济相互依存度的不断加深。经过20多年的发展，中国与中亚、东南亚、南亚、欧洲国家贸易规模不断扩大，经济联系日益密切，"一荣俱荣、一损皆损"的利益共同体格局逐步形成。目前，中国已成为东盟、俄罗斯、哈萨克斯坦、土库曼斯坦的最大贸易伙伴，乌兹别克斯坦第一、吉尔吉斯斯坦第二大投资来源国，欧盟第二大出口贸易伙伴和第一大进口来源地。另外，中国与周边国家巨大的经济互补性也将持续、有力地推动"一带一路"的建设。中国是快速发展的制造业大国，周边国家则大多是资源型国家，双方在资源、资本、市场、技术方面具有得天独厚的互补优势。

第二，沿线基础设施建设的相对完善。"一带一路"沿线基础设施经过多年建设已取得重大进展，中国已建成多条交通线路与东北亚、中亚、南亚地区相连，而以第二欧亚大陆桥为基础，包括公路、航空、电缆和口岸设施在内的中国—欧洲多元化交通通信格局初显轮廓。特别是以南宁、昆明为起点的高铁、高速公路可以直接达到缅甸、越南、老挝、泰国、马来西亚等广大东南亚国家的中心城市。此外，中亚国家独立后将发展区域交通运输作为重要的国家发展战略，加大了对道路等基础设施的投资力度，现已初步形成了涵盖铁路公路、口岸航空、电力电缆以及油气管道在内的较为完备的交通运输系统和国际贸易网络。而连接圣彼得堡—莫斯科—塔拉兹—阿拉木图—霍尔果斯—乌鲁木齐—连云港的"欧洲西部—中国西部"国际过境运输走廊项目也已于2009年正式启动，建成后将成为中国到达欧洲市场的最短出境路线，货物运输时间将从海路运输的40天缩短至11天。

第三，多边合作政策与机制的推动与保障。世贸组织有关自由贸易区的规定、中国与东盟、上合组织成员国之间有关促进投资和贸易便利化的文件以及中国与东亚、南亚、中东、欧洲各国间的双边经贸协定为"一带一路"的建设提供了政策与机制保障。以上海合作组织为例，中俄所倡导建立的上海合作组织已经成为一个成熟的国际组织，为成员国间的经济合作提供了许多便利。目前，上合组织建立了负责组织和协调区域经济合作的成员国经贸部长会议机制，下设高官委员会和海关、质检、电子商务、投资促进、发展过境潜力、能源、信息和电信等重点合作领域专业工作组，负责落实峰会及总理会议在经贸领域的决议。同时，上合组织现正着手建立开发银行等金融合作机制，为合作项目提供融资平台，由中方牵头的国家开发银行开展授信和融资额度规模已超过 500 亿美元。[①] 总的来说，这些政策和机制的建立与运行都将在"一带一路"的建设过程中发挥筹措资金、凝聚共识、协调行动的积极作用。

第四，沿线各国合作意愿的普遍强化。"一带一路"沿线大多数为发展中国家，均有追求外部环境和平稳定、促进经济社会快速发展的强烈愿望。而国际金融危机的深层次影响与国际经济环境的复杂多变也使大多数国家面临经济发展困境，在客观上强化了沿线国家对合作的期盼与诉求。中国周边多数国家认为本国处于古丝绸之路沿线上，对丝绸之路有一种历史和文化的亲近感，不仅强调古丝绸之路为本国带来了繁荣和稳定，而且期待复兴这条古代贸易路线以实现本国的发展。例如，中亚国家希望丝绸之路重新焕发生机，希望通过"一带一路"的建设来改善自身与周边国家的关系，为实现国家的发展提供更多机遇。与此同时，经历债务危机阵痛的东欧国家也希望通过"一带一路"的建设为欧洲经济的复苏和发展注入新的活力，并提升其经济抗风险能力。

（二）"一带一路"倡议的现实挑战

"一带一路"倡议涵盖欧亚非 60 多个国家，各国历史文化背

---

① 左凤荣：《共建"丝绸之路经济带"面临的机遇与挑战》，《当代世界》2014 年第 5 期。

景、社会政治制度、经济发展水平、自然社会环境、外交战略与地缘利益诉求都存在巨大差异，对"一带一路"的认知、态度和期待也不尽相同，这些差异和不同为共建"一带一路"带来了诸多困难和挑战。

第一，沿线国家经济发展水平不均衡。欧亚地区经济格局具有"两边高、中间低"的特点，经济发展水平的巨大落差导致了"一带一路"沿线各国政治态度与利益诉求的不同，增加了"一带一路"建设中政策与行动的协调难度，尤其是大国间协调。一方面，域内中小国家发展的差异化日趋明显，多数国家都从自身经济发展实际出发决定其对"一带一路"的关注点和参与度。另一方面，"一带一路"的建设有赖于欧亚大陆两端发达经济体的参与和带动，尽管中国积极倡导、推动"一带一路"的建设，但部分欧洲国家和俄罗斯的态度目前仍不明确、角色定位依然模糊。

第二，地区安全局势动荡的困扰与阻碍。近年来，欧亚大陆地缘政治格局急剧变化，不稳定和不安全因素日益增多，这对"一带一路"的建设构成了严重威胁。日本、菲律宾、越南在南海、东海问题上频频向中国发难，美国、印度等从中干涉和搅局，导致中国东部海上地缘安全局势不容乐观。此外，美国从中亚撤军造成中亚出现巨大的权力真空，直接导致了本土伊斯兰力量迅速崛起。"三股势力"乘势坐大，贩毒、走私、有组织跨国犯罪活动日益猖獗，中东乱局持续发酵。而中亚国家内部间由于民族宗教矛盾、领土资源争夺所造成的紧张关系也将持续而深刻地影响中亚地区的安全与稳定。同时，俄罗斯与西方的持续博弈和驻阿美军的撤离都将导致乌克兰和阿富汗国内冲突的进一步升级。

第三，其他"丝路计划"的竞争与冲击。近十年来，相关国家基于地缘政治经济格局的深刻变动和丝绸之路的发展前景纷纷提出了各自的"丝绸之路"建设计划。例如美国的"新丝绸之路计划"、日本的"丝绸之路外交战略"、俄印伊的"北南走廊计划"以及哈萨克斯坦的"新丝绸之路"项目等。这些"丝路计划"和构想与"一带一路"倡议在政治立场、追求目标、战略利益、实施手段等方面都不尽相同，并在很大程度上表现出竞争性、对抗性和冲突性。其中，美俄等国力图通过各自的"丝路计划"主导欧亚地区发展进程，在保持和强化自身在该地区影响的同时削弱和遏制中国的影响。

第四，沿线国家民众的担忧与疑虑。虽然"一带一路"建设得到了沿线国家的普遍欢迎和积极支持，但一些国家和民众依然表现出对"一带一路"倡议战略意图的担忧和怀疑，担心"一带一路"倡议是中国扩大地区影响力和势力范围的一种手段。此外，一些域内外大国为避免自身在该地区的战略利益受损，大肆宣称"一带一路"倡议隐藏着中国强烈的外交野心和地缘政治意图，极力将经济问题政治化。

第五，技术与人为因素的约束与限制。首先，"一带一路"沿线地理环境复杂。道路等基础设施建设大多穿越高原、沙漠、山地地区，具有很大的规划与施工难度；其次，"一带一路"建设存在宽窄轨距衔接问题。中国和欧洲采用1435毫米的国际标准轨距，而独联体国家则沿用苏联1520毫米的宽轨，轨距的差异直接影响到跨境交通基础设施的建设和贸易运输的成本与效率；最后，"一带一路"建设还受到贸易壁垒、管理体制、官僚腐败等人为因素的影响。一些沿线国家不仅征收高额的贸易关税，而且边界管理机关效率低下、手续繁杂，不作为现象和贪污腐败行为大量存在。复杂环境的施工、铁路轨距的改造、人为障碍的消除都将极大地考验相关国家的财力和决策者的智慧。

除此之外，"一带一路"建设还在政治、经济、法律、社会文化、生态环境等方面存在一系列潜在风险。具体来说，政治风险一方面体现为"一带一路"沿线一些国家面临政治局势复杂多变、领导人面临世代交替、民族宗教矛盾突出、政治民主性与政策连贯性缺乏等问题，另一方面体现为欧亚大陆处于国际政治舞台的中心，大国地缘战略博弈复杂激烈。经济风险一方面体现为"一带一路"沿线多数国家存在经济金融基础薄弱、资本监管不到位、抵御外部经济风险能力较差等问题，投资环境整体上不如欧美发达国家；另一方面体现为"一带一路"沿线国家自我造血能力较弱，难以确保经济和贸易的可持续发展。法律风险主要体现为"一带一路"沿线国家法治化程度低，"一带一路"建设将面临法律信息不对称的问题。社会文化风险主要体现为在"一带一路"建设过程中容易因民族、宗教、种族、文化差异和民族主义情绪高涨而引发矛盾、冲突与对立。生态环境风险主要体现为"一带一路"沿线地区自然条件多样、生态环境脆弱，容易引发多种自然灾害以及粗放型的工业生产和能源合作将造成环境污染、加剧区域生态环境的承载负担。

四、"一带一路"倡议的实施路径与政策举措

推进"一带一路"建设要全面贯彻党的十八大和十八届三中、四中、五中、六中全会精神，以中国特色社会主义理论体系为指导，深入贯彻习近平总书记系列重要讲话精神，统筹国内国家两个大局，秉持和平合作、开放包容、互学互鉴、互利共赢的丝路精神和"亲、诚、惠、容"的周边外交理念，遵循共商、共建、共享原则，以周边为重点，以政策沟通、设施联通、贸易畅通、资金融通、民心相通为主要内容，创新对外合作模式，强化国内政策支撑、统筹国防安全需求，全方位推进与沿线各国务实合作，打造利益共同体、命运共同体和责任共同体。具体说来，主要是做好以下工作：

（一）创新合作理念，带动多方共建积极性

理念是行动的先导，共建"一带一路"要创新合作理念，

带动多方参与建设"一带一路"积极性。一是要秉承和平合作、互利共赢的利益共同体理念，坚持通过平等对话、协商沟通的方式来推进和深化"一带一路"沿线国家间和公众间的友好合作，强调"一带一路"倡议的和平属性以及共赢价值，兼顾各方利益、寻找共同利益、培育共同观念。二是要秉承开放包容、互鉴互融的文明共同体理念，尊重"一带一路"沿线各国各民族文明的多样性和平等性、价值的多元性和复合性，以开放、包容的姿态与"一带一路"沿线不同文明和文化相互交流、相互学习、相互借鉴，推动欧亚非多元文明间的和谐共生、交融互鉴与繁荣进步。三是要秉承复兴发展、互存互荣的命运共同体理念，积极培育、塑造和传播欧亚非命运共同体意识，以命运共同体的新视角开创共存共荣、共同发展、和平发展、可持续发展的欧亚非新文明。

（二）完善组织机制，分部门制定促进政策

推进"一带一路"建设，首先需要完善组织机制，分部门制定促进政策。一是中央召开推进"一带一路"建设工作会议，对推进"一带一路"建设作出总体规划和部署。二是各省研究制订实施方案，实现地方实施方案与国家规划的衔接。三是国家各部门根据职能研究制订促进"一带一路"建设的政策措施。

（三）明确合作原则，加强战略与规划对接

共建"一带一路"应该坚持共商、共建、共享、开放合作、和谐包容、市场运作、互利共赢的合作原则，加强"一带一路"倡议与沿线各国发展战略与规划的对接。目前，中国已与40个国家和国际组织签订了对接协议或备忘录。此外，欧盟高达3150亿欧元规模的"容克计划"与"一带一路"正在探索对接，中国和中东欧国家"16+1合作"与"一带一路"正在实践对接，德国也正在筹划"工业4.0"与"中国制造2025"对接机制。

（四）强化多边机制作用，推动制度规章衔接

共建"一带一路"需要积极利用现有双多边合作机制，推动现有制度规章衔接，促进区域合作蓬勃发展。一是要加强双边合作，开展多层次、多渠道沟通磋商，推动双边关系全面发展。二是要强化多边合作机制作用，发挥上海合作组织（SCO）、中国—东盟"10+1"、亚太经合组织（APEC）、亚欧会议（ASEM）、亚洲合作对话（ACD）、亚信会议（CICA）、中阿合作论坛、中国—海合会战略对话、大湄公河次区域（GMS）经济合作、中亚区域经济合作（CAREC）等现有多边合作机制作用，与相关国家加强沟通，让更多国家和地区参与"一带一路"建设。三是要继续发挥沿线各国区域、次区域相关国际论坛、展会以及博鳌亚洲论坛、中国—东盟博览会、

中国—亚欧博览会、欧亚经济论坛、中国国际投资贸易洽谈会，以及中国—南亚博览会、中国—阿拉伯博览会、中国西部国际博览会、中国—俄罗斯博览会、前海合作论坛等平台的建设性作用。

（五）创新资金机制，增强合作动力

共建"一带一路"需要创新资金机制，为"一带一路"建设提供充足的资金支持。目前，我国推进"一带一路"建设主要有五大资金平台：中国东盟投资合作基金、中国—东盟海上合作基金、中国—欧亚经济合作基金、亚洲基础设施投资银行、丝路基金。除此之外，中国地方政府和企业为推动"一带一路"建设也纷纷出资设立相关基金。例如，2015 年，江苏省财政厅、省商务厅和苏豪控股集团合作设立江苏"一带一路"投资基金，广西联合中国建设银行发起设立广西丝路产业发展基金。共建"一带一路"除了要利用好上述基金之外，还可通过设立政府间合作以及民间合作的投资基金，寻求投资收益，建立相互联通的资本证券市场和融资市场。

（六）加快推进重点项目，争取早期收获

习近平在主持召开中央财经领导小组第八次会议时强调，推进"一带一路"建设要抓落实，要由易到难、由近及远，以点带线、由线到面，扎实开展经贸合作，要抓住关键的标志性工程、扎实

推进重点项目建设，脚踏实地、一步一步干起来，力争尽早开花结果。① 具体来说，一是要帮助"一带一路"沿线有关国家开展本国和区域间交通、电力、通信等基础设施规划，共同推进前期预研，提出一批能够照顾双边、多边利益的项目清单。二是要高度重视和建设一批有利于沿线国家民生改善的项目。三是要以基础设施互联互通为突破口建设一批重大项目，发挥对推进"一带一路"建设的基础性作用和示范效应。

（七）推动人文交流，夯实社会民意基础

"民心相通"是"一带一路"建设的重要内容，也是"一带一路"建设的人文基础。真正要建成"一带一路"，必须在沿线国家民众中形成一个相互欣赏、相互理解、相互尊重的人文格局，夯实"一带一路"建设的社会民意基础。习近平强调，推进"一带一路"建设"要坚持经济合作和人文交流共同推进，注重在人文领域精耕细作，加强同沿线国家人民的友好往来，为'一带一路'建设打下广泛社会基础"②。具体来说，一是要推动"一带一路"文化、教育、青年、民间外交、华人华侨、特色旅游等领域的合作

① 《加快推进丝绸之路经济带和二十一世纪海上丝绸之路建设》，《人民日报》2014年11月7日。

② 《借鉴历史经验创新合作理念 让"一带一路"建设推动各国共同发展》，《人民日报》2016年5月1日。

与交流。二是要建立"一带一路"人文交流高层定期会晤和磋商机制、高级别人文交流对话长效机制以及全方位旅游合作交流机制。三是要通过高层领导人的战略沟通、青年学生的交流互换、专家学者的交流对话、普通民众的旅游互访增进中国与"一带一路"沿线国家及民众的相互认知和了解。四是要区分"一带一路"沿线不同国家的特点和需求，有针对性地开展公共外交和人文交流，赢得沿线国家和民众的信任与好感。

（八）加强对外传播，营造良好国际舆论环境

目前，国际社会和沿线国家对"一带一路"倡议仍存在诸多疑虑和误解，共建"一带一路"要对"一带一路"倡议进行全面、准确、鲜活的展示、宣介和传播，引导国际社会和沿线国家真实、准确地了解和认识"一带一路"倡议，提高国际社会和沿线国家对"一带一路"倡议的认知度和认可度，为"一带一路"建设营造良好的国际舆论环境。正如习近平所指出："要重视和做好舆论引导工作，通过各种方式，讲好'一带一路'故事，传播好'一带一路'声音，为'一带一路'建设营造良好舆论环境。"[①] 具体来说，一是要正确把握中央相关精神的基础上，及时准确地对"一带一路"倡议进行报道和传播。二是要对肆意歪曲和过度阐发"一

[①]《借鉴历史经验创新合作理念　让"一带一路"建设推动各国共同发展》，《人民日报》2016年5月1日。

带一路"倡议的不良论调进行有理有据的回应，及时做出澄清、以正视听。三是要全面介绍"一带一路"建设给沿线国家带来的切实利益。四是要加强与国外知名新闻媒体和意见领袖的交流与合作。五是要丰富"一带一路"传播语言，尊重受众的阅读习惯和语言差异。六是要有效运用新媒体传播手段，提升"一带一路"传播效果。

五、"一带一路"倡议的国际评价与世界影响

"一带一路"倡议一经提出便引发了国际社会的高度关注和强烈反响，并得到了相关国家和国际组织的积极支持和参与。据专业数据库统计，2013 年 9 月至 2015 年 2 月，海外媒体有关"一带一路"的英文报道共 2500 多篇，中文报道共有 1000 多篇。[①] 其中，路透社、法新社、俄罗斯塔斯社、哈萨克国际通讯社、美国《华尔街日报》、美国《赫芬顿邮报》、新加坡《联合早报》、印度《印度时报》、马来西亚《南洋商报》等海外媒体对"一带一路"倡议进行了大量的报道和评论。此外，根据中国零点智库的统计数据，2015 年上半年，英国广播公司、英国《金融时报》、美国有线电视新闻网、美国《华盛顿邮报》、日本《读卖新闻》、俄罗

---

① 　孙敬鑫：《"一带一路"建设面临的国际舆论环境》，《当代世界》2015 年第 4 期。

斯卫星网等全球20家重点海外媒体有关"一带一路"的相关报道共有322篇，布鲁金斯学会、卡内基国际和平基金会、兰德公司、美国战略与国际研究中心、英国国际战略研究所、瑞典斯德哥尔摩国际和平研究所等全球10大顶尖智库共发布与"一带一路"倡议有关的研究报告54篇。① 与此同时，第71届联合国大会也于2016年11月通过第A/71/9号决议呼吁国际社会进一步凝聚共识，积极参与和推进"一带一路"建设并为"一带一路"倡议及项目实施提供安全保障环境。总的来说，国际社会对"一带一路"倡议的评价主要集中于以下五个方面：第一，与古丝绸之路相比，"一带一路"倡议的内涵更加丰富深刻，体现了中国外交政策的转型和创新；第二，"一带一路"倡议是推动欧亚非发展的历史性机遇，将促进欧亚非区域合作和经济繁荣；第三，"一带一路"建设将推动中国与欧亚非各国人民交往、促进历史与文化交流，增进相互了解与信任；第四，"一带一路"倡议致力于打造欧亚非利益共同体、命运共同体与责任共同体，将全面深化欧亚

① 纳入零点智库舆情监测范围的全球20家重点海外媒体和全球10大顶尖智库包括：美国有线电视新闻网（CNN）、美国福克斯广播公司（FOX）、美国全国广播公司（NBC）、华盛顿邮报、今日美国、洛杉矶时报、《时代》周刊、赫芬顿邮报、BuzzFeed、英国广播公司（BBC）、卫报、金融时报、每日电讯、每日邮报、经济学人、读卖新闻（英文版）、日本时报、海峡时报、印度时报、俄罗斯卫星网（英文版）、美国布鲁金斯学会、美国卡内基国际和平基金会、美国战略与国际研究中心、美国兰德公司、美国外交关系学会、美国伍德罗·威尔逊中心、英国皇家国际事务研究所、英国国际战略研究所、瑞典斯德哥尔摩国际和平研究所、比利时欧洲与全球经济治理实验室。参见《零点智库：围绕"一带一路"做好"点穴式"公共外交》，2015年12月10日，见 http://www.horizon-china.com/page/4113。

非合作关系，促进地区与全球的和平稳定；第五，"一带一路"倡议是促进全球发展合作的中国方案，将对世界政治格局和全球治理体系变革产生重大影响。例如，新加坡《联合早报》发文指出，中国通过"亲、诚、惠、容"的周边外交和"一带一路"倡议构建中国的海陆伙伴体系，展现了中国带动全球格局和秩序发生深刻变革的信心。美国《赫芬顿邮报》发文指出，"一带一路"将成为中国今后十年的深刻标志，并构成欧亚国家的一个历史性机遇，使欧亚大陆发生深刻改变，有望把超过60%的世界人口引向前所未有的凝聚和繁荣。① 英国《金融时报》发文指出，"一带一路"倡议既是一个大战略，又是一幅全景图，它以一种组织性理念出现，将各种不同的目标、动机和项目集合在一起。韩国《中央日报》发文指出，"一带一路"帮助周边国家成长，实现共同发展的中国式"合作共荣"的逻辑正在被全世界所接受。英国路透社发表评论称，中国提出的"一带一路"倡议契合沿线国家的共同需求，为沿线国家优势互补、开放合作开拓了新的合作途径。②

同时，国际社会对"一带一路"倡议也存在一些疑虑和误读。一方面，一些"一带一路"域内外国家担心"一带一路"倡议可能是中国扩大势力范围、争夺地区主导权、挑战现有国际秩序的外交工具，担心"一带一路"建设可能会恶化自身的地缘

---

① 《中国"一带一路"助力世界经济爬坡过坎》，《新华每日电讯》2015年3月3日。
② 《外媒盛赞"习式外交"："一带一路"为区域发展带来巨变》，2016年2月6日，见 http://news.cri.cn/201626/4dd2a015-e53c-e56e-7382-3b5feafd2310.html。

政治经济环境、威胁和侵蚀本国国家利益。另一方面，受价值偏好、现实利益等因素的影响，一些海外媒体则对"一带一路"倡议进行了歪曲式、挑拨式的报道和解读，大肆渲染、鼓吹"中国威胁论"，人为地赋予"一带一路"倡议浓厚的意识形态色彩。例如，《外交者》杂志刊文称，中国"一带一路"倡议与美国"马歇尔计划"在本质上并无二致。作为一个野心勃勃的地缘战略计划，"一带一路"将导致周边国家在政治上依附于中国，而在经济上沦为中国的商品倾销市场和能源原料供应地。[①]《世界政治评论》杂志刊文称，中国推行的"一带一路"计划暗含了三大地缘目标：一是将自身的势力范围和影响力从邻近地区扩展至远洋地区；二是将南海的主权主张合法化；三是构建以中国为核心的新亚太经济体系。[②]《华盛顿邮报》刊文称，"一带一路"是中国力图破解"马六甲困局"、对冲东部安全压力、突破国际"封锁"的战略举措。[③]

习近平指出，丝绸之路是历史留给我们的伟大财富，"一带一

---

① Shannon Tiezzi, "The New Silk Road: China's Marshall Plan?" *The Diplomat*, November 6, 2014; Kerry Brown, "The New Silk Road: China Reclaims Its Crown," *The Diplomat*, November 18, 2014.

② Geoffrey Wade, " China Tries to Rebuild Regional Trust With Maritime Silk Road," *World Politics Review*, September12, 2014, http://www.worldpoliticsreview.com/trend-lines/1405/china-tries-to-rebuild-regional-trust-with-maritime-silk-road.

③ Simon Denyer, "China bypasses American 'New Silk Road' with two if its own," *The Washington Post*, October 14, 2013, http://www.washingtonpost.com/world/asia_pacific/china-bypasses-american-new-silk-road-with-two-if-its-own/2013/10/14/49f9f60c-3284-11e3-ad00-ec4c6b31cbed_story.html.

路"倡议是中国根据古丝绸之路留下的宝贵启示，着眼于各国人民追求和平与发展的共同梦想，为世界提供的一项充满东方智慧的共同繁荣发展的方案。[①]三年多来，"一带一路"建设在探索中前进、在发展中完善、在合作中成长，进度和成果超出预期。截至 2016 年底，已有 100 多个国家和国际组织表达了对"一带一路"倡议积极支持和参与的态度，40 多个国家和国际组织同中国签署共建"一带一路"合作协议，"一带一路"的"朋友圈"正在不断扩大。三年多来，"一带一路"沿线各国聚焦政策沟通、设施联通、贸易畅通、资金融通、民心相通不断深化合作，在多个方面取得积极成果，金融支撑机制开始发挥作用、互联互通网络逐步成型、产能合作加快推进、经济走廊建设取得重要进展、中欧班列品牌业已形成、贸易投资大幅增长、人文交流更加密切。事实已经证明，"一带一路"是一条互尊互信之路、合作共赢之路、文明互鉴之路。只要欧亚非各国和衷共济、相向而行，就一定能够谱写建设"丝绸之路经济带"和"21 世纪海上丝绸之路"的新篇章、开辟欧亚大陆乃至世界美好发展的新前景，让欧亚非和世界各国人民共享"一带一路"共建成果。

[①] 习近平：《携手共创丝绸之路新辉煌——在乌兹别克斯坦最高会议立法院的演讲》，《人民日报》2016 年 6 月 23 日。

第六章

构建全球伙伴关系网络

　　广大发展中国家是中国走和平发展道路的同路人，加强与广大发展中国家之间的团结与合作是中国对外政策的基本立足点。在国际事务中，中国主持公道，伸张正义，维护广大发展中国家的利益，同广大发展中国家加强合作与协调。在经济上，中国在向一些发展中国家提供力所能及的援助的同时，努力扩大与发展中国家的互利合作，积极开辟南南合作的新途径。党的十八大以来，以习近平同志为核心的党中央就新形势下切实加强与广大发展中国家的团结与合作作出战略部署，提出要坚持义利兼顾、以义为先的正确义利观，把我国发展与广大发展中国家共同发展紧密联系起来，推动构建各具特色、各有侧重、相互补充的伙伴关系，形成遍布全球的伙伴关系网络。

一、中国与发展中国家：从相互理解支持到共同发展

新中国成立之初，中国奉行独立自主的外交政策，发挥临时宪法作用的《共同纲领》规定"中华人民共和国外交政策的原则，为保障本国独立、自由和领土完整，拥护国际的持久和平和各国人民间的友好合作，反对帝国主义的侵略政策和战争政策"。中国制定出了"另起炉灶""打扫干净屋子再请客""一边倒"的外交战略，坚定地倒向社会主义阵营一边，从1949年10月到1950年1月，相继承认中华人民共和国并与我国建交的国家（按建交先后顺序）为苏联、保加利亚、罗马尼亚、匈牙利、朝鲜民主主义人民共和国、捷克斯洛伐克、波兰、蒙古、德意志民主共和国、阿尔巴尼亚、越南。继社会主义阵营之后，一批亚洲民族主义国家，特别是中国的几个重要邻国也相继宣布承认中华人民共和国并表示愿意建交，非社会主义国家中第一个承认新中国的是缅甸，第一个与新中国建交的是印度，之后，印度尼西亚、缅甸、瑞典、丹麦、列支敦士登、瑞士、芬兰、巴基斯坦等一些亚洲和欧洲国家也相继与新中国建交。在建交问题上，新中国的独立自主政策不仅体现于不屈服西方国家的压力，而且体现于在与社会主义国家建交方面不墨守成规，率先承认越南，并支持越南人民的民族解放运动。

1954年4月，日内瓦会议召开，中国首次以五大国之一的身

份在国际多边外交舞台上亮相。1954 年 6 月，中印、中缅分别发表联合声明，确认周恩来提出的和平共处五项原则将在相互关系以及各自国家同亚洲及世界其他国家的关系中予以适用。1955 年，万隆会议在印度尼西亚万隆召开，周恩来在会议上提出了"求同存异"的方针，会上还形成了以"团结、友谊、合作、和平共处、求同存异"等为核心的万隆精神，万隆会议通过的十项原则是对和平共处五项原则的引申和发展。万隆会议后的第二年，中国与埃及建立了外交关系，开启了中非关系的大门，随后中国与亚非民族主义国家的关系获得广泛发展。从 1956 年到 1965 年的十年间，有 26 个国家与中国建立了外交关系。伴随着众多新独立国家的出现和万隆会议的召开，发展中国家作为一支独立的政治力量登上历史舞台，中国支持亚非拉民族独立解放运动成为 20 世纪 50 年代中国发展与第三世界国家关系的重要特征。毛泽东在 1956 年党的第八次代表大会上指出："亚洲、非洲、拉丁美洲各国的民族独立解放运动，以及世界上一切国家的和平运动和正义斗争，我们都必须给予积极的支持。"[1]

进入 20 世纪 60 年代，随着世界各种政治力量的进一步分化组合，毛泽东指出："我们现在提出这么一个看法，就是有两个中间地带：亚洲、非洲、拉丁美洲是第一个中间地带；欧洲、北美加拿大、大洋洲是第二个中间地带。日本也属于第二个中间地带。"[2]

---

[1] 《毛泽东文集》第七卷，人民出版社 1999 年版，第 116 页。

[2] 《毛泽东文集》第八卷，人民出版社 1999 年版，第 345 页。

随后，中国积极发展与亚非拉国家的关系，支持正在争取独立的民族解放运动，支持新独立的民族主义国家维护民族独立，在西亚、非洲和拉丁美洲，中国支持埃及、安哥拉、几内亚、伊拉克、黎巴嫩、古巴等国家的民族解放和反帝反殖斗争。中国在这一时期还对发展中国家给予了大量无偿经济援助，1963 年底至 1964 年初，周恩来在访问非洲期间，正式提出了中国与非洲和阿拉伯国家相互关系的五项原则和中国对外援助的八项原则，在访问回国后，周恩来指出，这些原则"不仅适用于对非洲国家的援助，也适用于我国对亚洲和其它新兴国家的援助"。① 由于受到美国的影响，这一时期中国与拉美发展中国家的关系发展缓慢，除古巴获得独立后建立了社会主义国家并在 1960 年与中国建交外，大多数国家都与台湾当局保持"外交"关系。60 年代，在不结盟运动的推动下，"七十七国集团"成立，发展中国家相继建立了一些重要的原料输出国组织，开展了区域性或半区域性的经济合作，逐步走上了南南合作的道路。中国是发展中国家的一员，是南南合作的积极倡导者和支持者，中国提出"平等互利、注重实效、长期合作、共同发展"的原则，积极支持并参与南南合作。

20 世纪 70 年代，国际形势发生重大变化，中国恢复了在联合国的合法席位，并提出了"一条线""一大片"和"三个世界"划分的外交战略。1971 年 10 月 25 日，联合国通过 2758 号决议，

---

① 丁新等：《中国对外经济关系史教程》，人民出版社 2011 年版，第 423 页。

恢复中华人民共和国在联合国的合法席位，在大会 76 张赞成票中，非洲国家占了 26 票。随着中国国力的增强和中美关系的改善，70 年代迎来了第三次建交高潮，1971 年与中国建交的国家有 15 个，1972 年达到了 18 个，加拿大、意大利、奥地利、比利时、日本、联邦德国、澳大利亚、英国等西方资本主义国家先后与中国建立了外交关系，整个 70 年代有超过 50 个国家与中国建交。1974 年，毛泽东又提出了"三个世界"划分的战略，他对来访的赞比亚总统卡翁达说："美国、苏联是第一世界。中间派，日本、欧洲、澳大利亚、加拿大，是第二世界。咱们是第三世界。"[1]他还指出，"亚洲除了日本，都是第三世界。整个非洲都是第三世界，拉丁美洲也是第三世界"。[2]

20 世纪 70 年代末 80 年代初，召开了党的十一届三中全会，在客观认识时代主题的基础上，确立了独立自主与不结盟的外交战略，明确指出加强同第三世界国家的团结与合作是我国对外关系的基本立足点，在继续巩固与发展中国家友好合作关系和传统友谊的同时，加强与发展中国家之间的团结与协作。1982 年，党的十二大正式确立新时期的中国外交政策是"独立自主的对外政策"。随着"非殖民化"进程的终结，发展经济成为非洲国家的主要任务，1982 年 12 月至 1983 年 1 月，中国总理访问非洲 11 国，提出了我国同非洲国家进行经济技术合作的四项原则，即"平等

---

[1] 《毛泽东文集》第八卷，人民出版社 1999 年版，第 441 页。

[2] 《毛泽东文集》第八卷，人民出版社 1999 年版，第 442 页。

互利、讲求实效、形式多样、共同发展"。1985 年，中国总理在访问拉美时又提出了发展与拉美国家关系的四原则，即"和平友好、互相支持、平等互利、共同发展"，推动中国与拉美发展中国家关系取得了较大的进展。

20 世纪 80 年代末至 90 年代初，由于国内政治风波的干扰和苏东剧变的影响，我国外交遇到了改革开放以来未曾有过的困难局面和压力，以美国为首的西方国家对中国实行制裁，发展中国家对中国给予了充分的理解和支持。面对国际上的复杂情况，邓小平及时提出了冷静观察、稳住阵脚、沉着应付、韬光养晦、善于守拙、决不当头、有所作为等对外关系指导方针。针对第三世界有些国家希望中国当头的情况，邓小平提出了"永远站在第三世界一边"和"永不当头"的观点，1984 年 5 月，邓小平指出："中国现在属于第三世界，将来发展富强起来，仍然属于第三世界。中国和所有第三世界国家的命运是共同的。中国永远不会称霸，永远不会欺负别人，永远站在第三世界一边。"[1]1990 年 12 月又强调："我们千万不要当头，这是一个根本国策。这个头我们当不起，自己力量也不够。当了绝无好处，许多主动都失掉了。中国永远站在第三世界一边，中国永远不称霸，中国也永远不当头。"[2]

20 世纪 90 年代，随着冷战的结束，国际关系进入一个新的发展时期，中国作为联合国安理会常任理事国和地区大国，在致

---

[1] 《邓小平军事文集》第三卷，中央文献出版社 2004 年版，第 239 页。

[2] 《邓小平年谱（1975—1997）》下卷，中央文献出版社 2004 年版，第 1323 页。

力于国内改革开放和现代化建设的同时，加强与第三世界国家的团结与合作，中国坚持原则，伸张正义，维护发展中国家的正当权益，推动建立国际新秩序，成为维护世界和平和地区稳定的重要力量。1990年9月，江泽民在北京会见佛得角非洲独立党代表团时阐述了中国在处理同所有发展中国家关系时遵循的三项原则；1992年，中国正式成为不结盟运动的观察员国，同不结盟运动的关系得到了进一步发展；党的十四大上，江泽民指出："中国是发展中国家，加强与第三世界国家的团结与合作是我国对外政策的基本立足点，中国将一如既往地同发展中国家在维护各自国家的独立主权上相互支持，在经济、文化方面加强交流。"[①]1994年4月，李鹏在塔什干阐述了中国对中亚国家的四项基本政策，在蒙古访问时强调中蒙关系要遵循五个基本点；1996年5月，江泽民在访问非洲期间提出了发展面向21世纪长期稳定、全面合作中非关系的五点建议；1997年9月，李鹏在香港举行的世界银行和国际货币基金组织联合年会开幕式中提出了中国帮助发展中国家的六项主张。

进入21世纪以来，中国把发展与发展中国家的关系作为总体外交的一部分，呈现出包括政治、经济、军事、社会、文化等多领域的全方位互利合作关系。《中国对非洲政策文件》（2006年1月）和《中国对拉丁美洲和加勒比政策文件》（2008年11月）表

---

① 《江泽民文选》第一卷，人民出版社2006年版，第243页。

明中国与非洲和拉丁美洲国家的合作已经发展到包括政治、经济、人文和社会、和平、安全与司法等 34 个领域的全方位合作。2003年 6 月，胡锦涛在法国出席南北领导人非正式对话会议时强调，"中国是发展中国家的一员，长期以来在许多方面得到了广大发展中国家的支持……中国将始终坚定地同广大发展中国家站在一起"①；2004 年 2 月，胡锦涛在访非期间就加强中非关系提出了三点倡议；2004 年 8 月，胡锦涛在第十次驻外使节会议上提出了中国外交的"四个布局"，即"大国是关键、周边是首要、发展中国家是基础、多边是重要舞台"；2005 年 4 月，胡锦涛在参加雅加达亚非峰会时指出，"推动不同文明友好相处、平等对话、发展繁荣，共同构建一个和谐世界"，首次提出了构建"和谐世界"的理念；2006 年 11月，我国成功主办中非合作论坛北京峰会，成为新中国外交史上主办的规模最大、外国领导人出席人数最多的国际会议，中非双方领导人宣示中非建立和发展"政治上平等互信、经济上合作共赢、文化上交流互鉴的新型战略伙伴关系"，胡锦涛还宣布了旨在加强中非务实合作、支持非洲国家发展的八项政策措施；2009 年11 月，在埃及沙姆沙伊赫举行的中非合作论坛第四届部长会议上，温家宝代表中国政府宣布了对非合作八项新举措。针对"9·11"事件后阿拉伯国家受到的一些不公正待遇，中国在 2001 年成立了中阿友好协会，2002 年设立中东问题特使，2004 年成立了中阿合

---

① 《胡锦涛：中国将坚定地同广大发展中国家站在一起》，2003 年 6 月 3 日，见 http://www.chinanews.com/n/2003-06-03/26/309866.html。

作论坛，以此来巩固中阿关系的友好合作基础。

党的十八大以来，以习近平同志为核心的党中央面对中国与发展中国家关系面临的新情况、新问题和新阶段，在继承新中国 60 年外交经验的基础上，提出了一系列新思路和新理念：2013 年 3 月，习近平在访问坦桑尼亚时提出发展中非关系要讲"真、实、亲、诚"四个字，指出中国坚持国家不分大小、强弱、贫富一律平等，秉持公道、伸张正义，反对以大欺小、以强凌弱、以富压贫……继续在国际和地区事务中坚定支持非洲国家的正义立场，维护发展中国家共同利益；2013 年 5 月，在对拉美国家进行访问前夕，习近平提出了中拉关系发展是"开放的发展、包容的发展、合作的发展、共赢的发展"；2013 年 10 月，习近平在周边外交工作座谈会上的讲话中强调，我国周边外交的基本方针，就是坚持与邻为善、以邻为伴，坚持睦邻、安邻、富邻，突出体现"亲、诚、惠、容"的理念；2014 年 6 月，习近平在中阿合作论坛第六届部长级会议开幕式上的讲话提出，要"弘扬丝路精神，深化中阿合作"；2014 年 7 月，习近平在韩国首尔大学的演讲中提出"倡导合作发展理念，在国际关系中践行正确义利观"，在拉丁美洲国家访问时提出"中国梦和拉美梦息息相通"，要构建中拉关系"五位一体"新格局；2014 年 11 月，习近平在中央外事工作会议上指出，要在坚持不结盟原则的前提下广交朋友，形成遍布全球的伙伴关系网络；2015 年 12 月 10 日，习近平在中非合作论坛约翰内斯堡峰会开幕式的致辞中系统阐述了中国发展对非关系的新理念、新政策、新主张，他表示，中方愿在未来 3 年内同非方重点实施"十大合作计划"，为确保"十大合作计划"顺利实施，中方决定提供总额 600 亿美元的资金支持；2016 年 10 月，习近平在北京同乌拉圭总统巴斯克斯举行会谈时指出，当前中拉关系已进入双边合作和整体合作并行发展的新阶段，中拉之间应该共同构建"1+3+6"合作新框架……面对国际形势的新变化，中国以更加自信和开放的心态，不断巩固和深化中国与发展中国家间的关系，为新形势下发展与第三世界国家关系树立了榜样。

二、义利合一拓展发展中国家朋友圈

党的十八大以来，习近平在多个场合提出国际关系要弘扬正确的义利观。2013 年 3 月，习近平访非期间，首次提出正确义利观，强调中国要促进发展中国家共同发展，对贫穷的国家给予力所能及的帮助，有时甚至要重义轻利、舍利取义，绝不能惟利是图、斤斤计较；2013 年 10 月，习近平在周边外交工作座谈会上指出，要找到利益的共同点和交汇点，坚持正确义利观，有原则、讲情谊、讲道义，多向发展中国家提供力所能及的帮助；2014 年 7 月，习近平在韩国国立首尔大学发表的题为《共创中韩合作未来　同襄亚洲振兴繁荣》的演讲中提出，在国际合作中，要妥善处理义和利的关系；2014 年 11 月，习近平在中央外事工作会议上指出，要坚持正确义利观，做到义利兼顾，要讲信义、重情义、扬正义、树道义。习近平关于坚持正确义利观的重要思想，符合中国特色社会主义内在要求，顺应时代发展潮流及中国与世界关系发展大势，对新时期中国外交具有重要指导意义。

　　正确义利观是"义"和"利"的辩证统一。义是指道义，利是指互利，传统义利观讲求义利相合的辩证统一思想，"义利两有"，"义者，利之和也"。同时，重视道义并非否定利益，而是义以生利，义以建利，两者之间是一种辩证关系，并在实践中达成统一。凡是符合"利天下""利人"的行为就是义，而"害天下""损人自利"的行为则是不义。习近平对"义"和"利"作出了科学解释，他指出："义，反映的是我们的一个理念，共产党人、社会主义国家的理念。这个世界上一部分人过得很好，一部分人过得很不好，不是个好现象。真正的快乐幸福是大家共同快乐、共同幸福。我们希望全世界共同发展，特别是希望广大发展中国家加快发展。利，就是要恪守互利共赢原则，不搞我赢你输，要实现双赢。我们有义务对贫穷的国家给予力所能及的帮助，有时甚至要重义轻利、舍利取义，绝不能惟利是图、斤斤计较。"[1]他同时指出，我们要注重利，更要注重义，只有义利兼顾才能义利兼得，只有义利平衡才能义利共赢。习近平坚持正确义利观的思想，体现了中国

---

[1]　王毅：《坚持正确义利观　积极发挥负责任大国作用》，《人民日报》2013 年 9 月 10 日。

以义为先的优良传统，是对时代形势变化的正确把握，是对中国与发展中国家关系的正确理解，是新时期中国外交的一面独具特色的旗帜。

正确义利观来源于中国传统义利观。"义"指精神上的道义原则，与正义相符，"利"指具体的物质利益。"义利之辩"即二者孰优孰劣的问题，是儒家政治思想的重要思想。古代儒学大家历来主张"义胜利者为治世，利克义者为乱世"，强调"君子义以为质"；孔子说，"君子喻于义，小人喻于利"；孟子说，"生亦我所欲也，义亦我所欲也；二者不可得兼，舍生而取义者也"。传统义利观还提出了义利相合的辩证统一思想，如墨子提出，"义，利也"，阐明"义"与"利"的统一性。这种"重义轻利"、强调仁义道德的思想对古代的对外交往产生了深远影响，中国与周边小国交往中的"厚往薄来"现象就体现了义字当头不计得失的理念，这些深厚的传统文化资源为新时期的国际关系的形势和困境提供了正确认知的思想基础，也为破解当前的国际新问题、新挑战、新出路提供了有益的参考。可以说，重义轻利、先义后利、取利有道，是中华民族数千年来一以贯之的道德准则和行为规范。

正确义利观来源于新中国外交传统。新中国成立后，中国外交工作将传统优秀义利观贯穿到国际关系和外交实践当中，创造性地提出了适应世界形势发展、惠及全球共同利益，特别是照顾发展中国家利益的国际关系原则和外交理念。新中国成立后，充分发扬国际主义精神，在自身经济十分困难的情况下，仍然坚持向亚非拉广大第三世界国家提供力所能及的帮助，支持其反抗压迫、争取独立与解放的民族大义，维护其发展经济、改善民生的整体利益。20世纪六七十年代，我国派出数万名施工和技术人员，远赴非洲大陆援建坦赞铁路，其中数十人为此献出了宝贵生命。改革开放以来，随着综合国力的增强，我国对发展中国家援助的规模、质量和成效也不断提升到新水平，对周边近邻，我们更是义字当头、顾全大局，坚定不移地致力于维护地区稳定发展的良好局面。树立正确的义利观思想，有助于保持中国与发展中国家的传统友谊，有助于推进中国与广大发展中国家关系的转型与升级。

正确义利观是对近代国际关系史和西方国际关系理论的反思。一方面，在将近500年的西方近现代历史中，西方各国相互争权夺利，结盟对抗，战争频发，强国交替更换；恃强凌弱、强强必争、国强必霸似乎成为国际关系历史的铁律。另一方面，"没有永远的朋友，也没有永远的敌人，只有永远的利益""霸权周期论"等理念或理论构成了西方国际关系的不变法则；以权力为核心的现实主义国际关系理论也主导着西方国家的外交决策。要实现中华民族伟大复兴的中国梦，必须避免重蹈西方国家零和博弈的历史之辙，必须避免陷入西方的国际关系理论圈套，而倡导和坚持正确义利观，坚持独立自主的和平外交政策，坚持走和平发展道路，实现各国共同发展、共同繁荣，是中国在新时期处理外交关系的正确选择。

正确义利观来源于马克思主义义利观。马克思主义义利观以集体主义为核心，坚持义利统一，强调个人利益服从集体利益，局部利益服从整体利益，暂时利益服从长远利益，把为社会为人类的共同利益和价值追求，作为人生价值的最高选择。马克思指出："没有无义务的权利，也没有无权利的义务"。[①]"既然正确理解的利益是整个道德的基础，那就必须使个别人的私人利益符合全人类的利益"。[②] 习近平关于在外交工作中坚持正确义利观的重要思想，体现了马克思主义义利观的内在要求，习近平指出，要立足全局、放眼长远，坚持互利共赢、共同发展，既要让自己过得好，也要让别人过得好……只有义利兼顾才能义利兼得，只有义利平衡才能义利共赢。正确义利观将中国人民利益同世界各国人民共同利益结合起来，在中国与世界各国良性互动、互利共赢中实现共同发展，体现了马克思主义义利观。

三、"真、实、亲、诚"加强中非团结合作

中非友谊源远流长，两者关系可以追溯至公元前 2 世纪。随

---

① 《马克思恩格斯文集》第 3 卷，人民出版社 2009 年版，第 227 页。
② 《马克思恩格斯全集》第 2 卷，人民出版社 1957 年版，第 167 页。

着新中国的诞生和一系列非洲国家的独立，中非关系进入了新的历史时期。1955 年万隆会议实现了中非国家领导人的直接会晤，对此后中非外交关系的发展具有重要意义。1971 年在非洲兄弟国家的支持下，第 26 届联大恢复了中国在联合国的合法席位。改革开放后，中国确立了在平等互利基础上发展同非洲各国关系的基本政策，至 1990 年，中国已与 48 个非洲国家建立外交关系。冷战结束后，中国一如既往地重视发展同非洲国家的关系，不但在道义上声援非洲国家反对帝国主义、殖民主义、种族主义、霸权主义的斗争，而且在政治、经济上给予非洲国家力所能及的支持，同时多渠道、多形式地与非洲国家开展各个领域的交流合作。党的十八大以来，以习近平同志为核心的党中央，在认真分析国际国内形势的前提下，对中非关系未来的发展与前进的方向，进行了富有创造力的新指导。

2013 年 3 月 25 日，习近平在坦桑尼亚发表题为《永远做可靠朋友和真诚伙伴》的重要演讲，提出用"真、实、亲、诚"发展与非洲国家的关系。其中，"真"代表着真朋友最可贵，中非传统友谊弥足珍贵，值得倍加珍惜；"实"意味着中国不仅仅是合作共赢的倡导者，更是积极的实践者；"亲"表明了中国和非洲国家的关系就如同亲人一般；"诚"体现了中国在处理同非洲国家之间的关系时，始终以坦诚的方式解决与非洲国家合作中的问题。在"真、实、亲、诚"外交思想的指导下，中国在各个领域加深了同非洲国家的交流与合作，同非洲国家一道，"共同致力于做强和夯实政治上平等互信、经济上合作共赢、文明上交流互鉴、安全上守望相助、国际事务中团结协作'五大支柱'"。①

（一）平等互信，提升中非政治关系

政治合作在中非各领域的合作中起到引领作用。党的十八大以来，以习近平同志为核心的党中央高度重视中非关系，频繁开展高层互访，签署一系列政治合作文件，稳步提升中非关系。2013 年，习近平访问坦桑尼亚、南非、刚果，并于南非出席金砖国家领导人与非洲国家领导人对话会。2014 年，李克强访问埃塞俄比亚、尼日利亚、安哥拉、肯尼亚四国和非盟总部。2015 年，习近平出访津巴布韦、南非，并赴约翰内斯堡和南非总统祖马共同主持中非合作论坛峰会。2017 年 1 月 7 日至 12 日，中国外交部长王毅访问非洲五国，中国外交部长连续 27 年每年首访均为非洲国家。在上述访问期间，中国与非洲国家共同发布了《关于全面深化中国非盟友好合作的联合声明》《中华人民共和国和苏丹共和国关于建立战略伙伴关系的联合声明》《中非合作论坛约翰内斯堡峰会宣言》《中非合作论坛——约翰内斯堡行动计划》《中华人民共和国和莫桑比克共和国关于建立全面战略合作伙伴关系的联合声明》《中华人民共和国和南非共和国联合公报》《中华人民共和国和坦桑尼亚共和国联合公报》《中

---

① 《在中非合作论坛约翰内斯堡峰会上的总结讲话》，2015 年 12 月 6 日，见 http://news.xinhuanet.com/world/2015-12/06/c_1117367230.htm。

华人民共和国和尼日利亚联邦共和国联合公报》《中非外长第三场
政治磋商联合公报》等一系列声明、联合公报。此外，在2015年
中非合作论坛约翰内斯堡峰会上，中国已经将中非"新型战略伙伴
关系"提升为"全面战略伙伴关系"。[①] 通过高层互访和政治合作文
件的发布，中非关系更加密切，政治互信进一步增强，有力地巩固
和推动了中国同非洲国家关系的良好发展。

（二）合作共赢，支持非洲经济建设

经济合作是中非关系的核心与基础。中国致力于把自身的发
展同非洲的发展紧密联系起来，把中国人民利益同非洲人民利益
紧密结合起来，把中国发展机遇同非洲发展机遇紧密融合起来。[②]

中国以实际行动支持非洲发展建设。2015年12月，习近平
在中非约翰内斯堡峰会上，提出坚持政府指导、企业主体、市场
运作、合作共赢的原则，着力解决非洲基础设施建设落后、人才
不足和资金短缺三大瓶颈，以此促进中非经贸合作的进一步深化
与加强，并决定提供总额600亿美元的资金支持。[③] 针对基础设施
建设落后的问题，中国积极参与非洲铁路、公路、区域航空等设

施的援建。至 2015 年底，中国通过援助和融资，在非洲已建和在建的铁路及公路总里程超过 1 万公里，包括尼日利亚的阿卡铁路，安哥拉的本格拉铁路、蒙内铁路等，这有力推动了非洲大陆铁路网的构建和完善，成为非洲国家经济发展的"新引擎"。针对非洲人才不足问题，中国将实施"非洲人才计划"，未来 3 年将为非洲国家培训 3 万名各类人才，提供 1.8 万个奖学金留学生名额，加强对非洲技术转让和经验共享。针对资金短缺问题，国家开发银行发起设立了"中非发展基金"和"非洲中小企业发展专项贷款"，目前已与超过 42 个非洲国家建立了业务往来。至 2015 年末，中非基金累计向 36 个非洲国家的 84 个项目投资近 32 亿美元，带动我国企业对非投资超过 160 亿美元。

中非贸易往来日益频繁，中国对非投资不断增加。中非贸易总额得到迅速提高，从 2000 年时的 105 亿美元增加到 2016 年的 1491.2 亿美元，中国已连续第八年成为非洲第一大贸易伙伴国。[①] 同时非洲也是中国第二大原油进口来源地、第二大承包工程市场。中国对非洲非金融类直接投资流量 33 亿美元，同比增长 14％，覆盖建筑业、租赁和商务服务业、采矿业、制造业、批发和零售业等领域。[②] 中国企业在非洲新签承包工程合同额 820 亿美元，同

---

① 《2016 年中非贸易数据统计》，2017 年 2 月 22 日，见 http://xyf.mofcom.gov.cn/article/date/201702/20170202520439.shtml。

② 《2016 年中国对非洲投资数据统计》，2017 年 2 月 22 日，见 http://xyf.mofcom.gov.cn/article/date/201702/20170202520441.shtml。

比增长 8%，完成营业额 521 亿美元，迄今已有 3000 多家中国企业在非洲投资兴业。

中非经贸合作的发展，有力促进了双方经济潜力的开发。在中国的帮助下，非洲国家的经济发展获得强劲助力，民生得到改善，为促进南南合作与世界经济的平衡发展作出了积极的贡献。

（三）交流互鉴，巩固中非传统友谊

中非关系发展既需要经贸合作的"硬"支撑，也离不开人文交流的"软"助力。[①] 党的十八大以来，中非人文交流蓬勃开展，传统友好的社会和民意基础更加巩固。[②]

中国利用与非洲各国合办、互办各类文化活动的机会，加深与非洲国家的文化交流与合作。党的十八大以来，中国先后同非洲开展了"中非联合研究交流计划""中非新闻交流中心"等一系列文化交流活动，同时还开展了"2015 中国文化聚焦"和南非"中国年""中国文化节""2015 南非·浙江文化节""中非文化艺术节"等一系列具有中非特色的文化交流活动。

中国积极开展同非洲国家在教育、科技和人才培养领域的交流合作。至 2016 年 12 月 31 日，非洲已有 48 所孔子学院和 27 个

[①] 《共同谱写中非人民友谊新篇章》，《人民日报》2013 年 3 月 30 日。
[②] 《中非人文交流蓬勃开展　传统友好的社会和民意基础更加巩固》，2015 年 12 月 3 日，见 http://news.xinhuanet.com/world/2015-12/03/c_1117349942.htm。

孔子课堂，是全球增长数量最快的地区。并且中国还积极开展诸如"非洲人才计划"并提供专项留学生奖学金，帮助非洲国家培养高新技术人才，加强对非洲技术转让和经验共享。

中非民间交流不断升温。截至 2014 年底，"中非民间友好行动"共在 49 个非洲国家开展 141 个项目，促进社会公益、帮扶弱势群体。此外，在旅游业方面，非洲逐渐成为不少中国游客的外出候选地，2008 年赴非中国游客仅占当年出国游总人数的 3%，在 2016 年这个比例已经升至 10%，达 1130 万人次，而且这一数字还在以每年 50% 的速度快速增长。[①] 双方旅游业的飞速增长，标志着双方人文交流在民间快速升温。

（四）守望相助，团结协作增信释疑

中国和非洲在国际事务和安全合作中有着广泛的共同目标和利益诉求。中国外交部长王毅指出，中非和平安全合作稳步推进，合作领域不断扩大。[②] 中国在联合国框架下派出维和人员参与非洲地区的反恐活动。2013 年以来，中国先后向马里派遣武装安全部队、向利比里亚派遣维和警察防暴队，并派出首支维和步兵营前

---

① 《非洲享中国旅游业"大蛋糕" 赴非旅游人数快速增长》，2017 年 3 月 5 日，见 http://www.cnta.gov.cn/xxfb/jdxwnew2/201703/t20170305_817679.shtml。

② 《中非和平安全合作稳步推进合作领域不断扩大》，2015 年 12 月 3 日，见 http://news.xinhuanet.com/world/2015-12/03/c_128496718.htm。

往南苏丹任务区执行任务。[①] 目前中国共有 2700 多名维和人员在非洲 7 个任务区执行维和任务。同时，中国还积极响应联合国的相关号召，参与亚丁湾护航。截至 2015 年 12 月 30 日，中国已参与亚丁湾护航七年，先后派出 22 批护航编队，共计 66 艘次舰艇，护航成功率达 100%。

综上所述，中非历来是休戚与共的利益共同体和命运共同体，加强同非洲国家的团结合作是我国长期坚持的战略选择。"真、实、亲、诚"的四字理念，把中非关系推向了更高的层次，赋予了中非友谊在新时代以新的内涵。中非应该以全面战略伙伴关系建设为引领，以新型义利观为指导，继承真诚友好的光荣传统，把互助合作精神发扬光大，坚持政治上平等互信，在经济上合作共赢，在文明上交流借鉴，在安全上守望相助，在国际事务中团结协作。在新的历史起点上，中非关系必将迈入更高水平。

四、"五位一体"构建中拉关系新格局

"海内存知己，天涯若比邻"，中国与拉美和加勒比国家虽然相距遥远，但友好关系源远流长。新中国成立以来，中拉关系不断向前发展，至 2007 年，中国已同 21 个拉美国家建立外交关系。

---

① 《在非洲的中国维和人员，你所不知道的故事》，2015 年 12 月 2 日，见 http://world. people.com.cn/n/2015/1202/c1002-27882678.html。

党的十八大以来，中拉关系进入历史最佳时期，各领域合作稳步推进。2014年，习近平在巴西利亚出席中国—拉美和加勒比国际领导人会晤时发表主旨讲话，提出了构建中拉关系"五位一体"新格局的理念。习近平指出："通过这次会晤，共同宣布建立平等互利、共同发展的中拉全面合作伙伴关系，努力构建政治上真诚互信、经贸上合作共赢、人文上互学互鉴、国际事务中密切协作、整体合作和双边关系相互促进的中拉关系五位一体新格局。"[1]"五位一体"理念的提出，标志着中拉关系进入新的阶段，为党的十八大以来的中拉关系指明了发展和提升的新方向。

（一）拉近距离，构建政治真诚互信

党的十八大以来，中拉高层频繁互访，为双方增强政治领域的相互信任提供了基础和动力。2013年5月31日至6月6日，习近平访问特立尼达和多巴哥、哥斯达黎加和墨西哥三国，开创了中国国家主席就任第一年即访问拉美和加勒比地区的先例；2014年7月，习近平对巴西、阿根廷、委内瑞拉和古巴进行国事访问，并出席"金砖国家领导人第六次会晤"和首次"中国—拉美和加勒比国家领导人会晤"；2015年1月以来，厄瓜多尔、哥斯达黎加、巴哈马、委内瑞拉、秘鲁、乌拉圭等拉美国家的领导人先后

---

[1] 《努力构建携手共进的命运共同体》，《人民日报》2016年11月11日。

访问中国，就深化双方在各领域的合作进行了深入的讨论和对话；2015 年 3 月，李克强访问拉美四国，双方签署了一系列政治、经贸、人文、科技等领域的合作协议，为深化双方合作关系提出了新举措和新思路；2016 年 11 月，习近平第三次走进拉美地区，对厄瓜多尔、秘鲁和智利三国进行国事访问，不断深化中拉双方的命运共同体关系。除此之外，中拉相互支持彼此的政治主张，在涉及彼此核心利益和重大关切的问题上相互理解和支持。中方支持拉美推进区域一体化，在地区和国际事务中发挥更大作用；双方面对复杂的国际局势，相互帮助，加强治国理政经验交流，战略互信不断深化。频繁的高层互动和重要国际问题上的相互支持，推动着中拉政治领域的合作不断增强。

（二）务实推进，实现经贸合作共赢

中拉双方在经济领域的合作中，始终秉持互利合作，促进共同发展的基本原则。2014 年，习近平在出席中国—拉美和加勒比国家领导人会晤时提出中拉"1+3+6"合作新框架，2015 年，李克强出席中巴工商界峰会时提出中拉产能合作"3×3"新模式。伴随着上述倡议的提出，中拉经贸合作更加务实深入，逐步由单纯的贸易主导向贸易、投资、金融三轮驱动模式演进。

中国为拉美地区经济发展提供资金技术支持。根据商务部信息，近年来中国对拉美融资安排总金额达 880 多亿美元，包括 300

亿美元的中拉产能合作专项基金、200 亿美元规模的中巴扩大产能合作基金、200 亿美元中拉基础设施专项贷款、100 亿美元优惠性质贷款和 50 亿美元中拉合作基金，有力支持了拉美经济建设。中方将正式实施 5000 万美元的中拉农业合作专项资金，设立"中拉科技伙伴计划"和"中拉青年科学家交流计划"，适时举办首届中拉科技创新论坛。[①] 与此同时，中国对拉美地区投资和贸易总额不断增加。到 2015 年底，中国在拉美直接投资存量已超过 1200 亿美元，中国累计在拉美地区签订承包工程合同金额 1100 亿美元。在新时期，中拉双方积极构建新的经贸合作框架，不断深化双方合作深度，促进中拉双方的互利共赢，为打造中拉命运共同体提供经济基础。

（三）互学互鉴，中拉文化兼收并蓄

人文外交作为中拉关系的新支柱，在促进中拉关系友好发展上起到重要作用。习近平指出："人文上，中拉要加强文明对话和文化交流，成为不同文明和谐共处、相互促进的典范。"[②] 随着中国同拉美和加勒比国家人民交往进一步扩展，拉美国家普遍认为"中国梦"与联合自强的拉美梦相通相融。2014 年，习近平在巴西国

---

① 《中国与拉美和加勒比国家合作规划（2015—2019）》（全文），2015 年 1 月 9 日，见 http://news.xinhuanet.com/world/2015-01/09/c_1113944648.htm。

② 《人文外交：中拉关系的新支柱》，2016 年 11 月 21 日，见 http://theory.gmw.cn/2016-11/21/content_23050147.htm。

会的演讲中指出，中国梦与拉美梦息息相通，体现出一种合作共赢、共同发展的思想理念。在新时期，中国更加重视同拉美国家的文化合作，人文交流已经日渐成为了中拉关系中的新支柱。

党的十八大以来，中拉双方在人文交流领域内频繁互动。中国在墨西哥设立文化中心、同巴西互办"国家文化月"，2015年，首届拉美和加勒比艺术节在中国举行，推进双方的文化交流不断深化。2014年，习近平在访问巴西期间推出了举办2016年"中拉文化交流年"的倡议，这一倡议得到了拉美国家领导人的热情支持。2016年11月，习近平先后参加了在秘鲁首都利马举行的中拉文化交流年闭幕式和在智利举行的中拉媒体领袖峰会开幕式。这一系列举动是构建"五位一体"中拉关系新格局的重要举措，有力地促进了中拉文化交流。

（四）密切协作，国际事务联合发声

坚持国际协作，促进公平正义，是中拉关系发展的国际责任。中拉双方作为有着长久友谊的好朋友、好伙伴，在联合国等国际组织和多边机制框架内，围绕全球治理、可持续发展、应对气候变化、网络安全等全球性议题和热点问题加强沟通和协作，就亚太和拉美事务不断加强对话与合作。[①]

---

① 《王毅：中拉关系发展面临新机遇》，2015年1月8日，见 http://www.fmprc.gov.cn/ce/cese/chn/wjdts/t1226656.htm。

气候问题是多数拉美国家长期关注的问题，对此，中国采取了一系列举措，帮助拉美国家应对气候变化挑战，展现出大国的责任和担当。2013年，中国与安提瓜和巴布达、巴巴多斯、多米尼克等国签署了《关于应对气候变化物资赠送的谅解备忘录》。2015年9月，习近平在访美期间宣布出资200亿元人民币建立"中国气候变化南南合作基金"，支持最贫困的发展中国家应对气候变化。秘鲁环境部部长曼努埃尔·普尔加·比达尔表示，"中国气候变化南南合作基金"是一个非常积极的举措，使缺少资金的发展中国家从中获益。① 除此之外，在可持续发展、海洋权问题、南极问题、国际关系民主化和法治化等国际事务中，中拉双方也展开密切合作、联合发声，积极推动全球治理。

与此同时，为维护国际安全，中拉在打击走私、跨国犯罪等领域展开合作，取得了一系列成果。近年来，中国公安部相继与巴西、哥伦比亚、墨西哥、秘鲁、古巴等国执法部门签署了警务合作文件。2013年6月6日，拉美国家中高级执法官员研修班在山东警察学院开学，中拉双方加强了安全领域的交流互鉴。通过高层交往、情报信息交流和人员培训等方式，中拉加强了在打击毒品走私、非法移民活动、网络安全、跨国犯罪等方面的合作，对于维护中拉乃至国际安全起到积极作用。

---

① 《国际社会点赞"中国气候变化南南合作基金"》，2015年10月14日，见 http://news. xinhuanet.com/2015-10/14/c_1116821532.htm。

（五）整体合作和双边关系相互促进

党的十八大以来，中国同拉美国家的整体关系取得突破性进展。习近平访问巴西期间，同拉美国家领导人举行了历史上首次集体会晤，双方正式启动了"中拉全面合作伙伴关系"，并宣布成立"中国—拉共同体论坛"。中拉论坛的成功举办，标志着中拉关系进入全面合作伙伴关系的新阶段，为中拉建立"五位一体"新格局提供一个重要的平台。2015年1月，中拉论坛部长级会议在北京成功举行，习近平在开幕式上发表了题为《共同谱写中拉全面合作伙伴关系新篇章》的重要讲话。会议围绕"新平台、新起点、新机遇——共同努力推进中拉全面合作伙伴关系"的主题，达成了《中国—拉共体论坛首届部长级会议北京宣言》《中国与拉美和加勒比国家合作规划（2015—2019）》和《中国—拉共体论坛机制设置和运行规则》三个重要的成果文件，为中拉合作明确了政治共识和发展方向。

中拉整体合作的发展，带动双边战略伙伴关系不断深化和升级。到2016年底，中国与9个拉美国家的关系已经提升到"战略合作"的水平，其中，中国与巴西、委内瑞拉、墨西哥、阿根廷、秘鲁确立了"全面战略合作"关系。中拉双方已经深刻地认识到，中拉合作应该是全面的合作关系，中国应该同拉美的所有国家推进经济、政治、文化、国际等领域的合作，在相互合作中不断推进中拉关系，在相互合作中共同实现各自的奋斗目标和梦想。

综上所述，加强中国同拉美国家的关系，有助于实现中国和拉美国家的优势互补，推动中拉双方的共同发展。习近平在巴西国会演讲中指出："团结协作、发展振兴是拉美人民薪火相传的梦想。中国梦和拉美梦息息相通。中拉双方要勇于追梦、共同圆梦。"① 党的十八大以来，中拉双方坚持"五位一体"的合作理念，不断深化双方的合作，中拉关系越来越呈现出全方位、多领域、"全面开花"的特点。在未来，双方会继续依托各种机制、平台、协议，不断加强在各领域的全方位合作，推进中拉双边关系和整体关系不断向前发展。

五、丝路精神深化中阿战略合作关系

中国与阿拉伯国家自古以来有着深厚的友谊。早在2000多年前，双方就通过古丝绸之路和"香料之路"开展贸易往来和文化交流，成为互惠互利的合作伙伴。近代以来，中国与阿拉伯国家均受到了西方殖民主义的侵略，两地交往一度中断。新中国成立后，中阿关系进入新的阶段，双方在政治、经济、文化等领域的交流合作逐步得到恢复和发展。至1990年7月，中国已同所有阿拉伯国家建立了正式的外交关系。1993年，中阿签署关于设立阿盟代表处的协定，同年阿盟在北京设立办事处。2001年和2004年，

---

① 《努力构建携手共进的命运共同体》，《人民日报》2016年11月11日。

中国先后成立了"中国—阿拉伯友好协会"和"中国—阿拉伯国家合作论坛"。2010年，中阿宣布建立全面合作、共同发展的中阿战略合作伙伴关系。中国历届政府在发展中阿关系上所取得的一系列成就为新时期深化发展中阿关系奠定了基础。

2014年6月5日，习近平在中阿合作论坛第六届部长级会议开幕式上提出了"弘扬丝路精神，深化中阿合作"的主张，指出弘扬丝路精神就是要弘扬丝绸之路承载的和平合作、开放包容、互学互鉴、互利共赢精神。[1]"和平合作"就是要坚定地支持中东地区的和平进程，以和平促合作；"开放包容"就是要充分尊重阿拉伯国家的道路选择，坚定的支持和维护阿拉伯国家的民族文化传统；"互学互鉴"就是要开展中阿文明对话，倡导包容互鉴，一起挖掘民族文化传统中积极的处世之道同当今时代的共鸣点；"互利共赢"就是要以促进中阿共同发展为主要目标，将中国自身发展同阿拉伯国家的发展对接，推动中阿经济共同发展。习近平指出，中国同阿拉伯国家彼此是相互尊重、相互认同、相互信赖的好朋友、好兄弟、好伙伴，双方将弘扬丝绸之路精神，促进文明互鉴、尊重道路选择、坚持合作共赢、倡导和平对话，不断深化全面合作、共同发展的中阿战略合作关系。[2] 在这一思想的指导下，面对新时期复杂多变的国际和地区形势，中阿战略合作关系进一步深化和发展。

---

[1] 《弘扬丝路精神，深化中阿合作》，《人民日报》2014年6月6日。

[2] 中共中央宣传部编：《习近平总书记系列重要讲话读本（2016年版）》，学习出版社、人民出版社2016年版，第271页。

（一）倡导和平，深化中阿政治合作

党的十八大以来，中阿双方高层互访不断，政治互信得到增强。2014 年和 2015 年，埃及总统塞西两度访问中国，双方就达成战略伙伴关系进行了一系列的会谈和沟通。2016 年 1 月，习近平访问沙特阿拉伯、埃及和伊朗，与沙特正式确立了全面战略伙伴关系，同时进一步深化了与埃及的全面战略伙伴关系。2017 年 3 月 15 日至 18 日，沙特国王萨勒曼访问中国，两国发布了联合声明，指出要把中沙关系放在各自对外关系中的优先位置。[①] 上述高层互访深化了与阿拉伯国家的战略互信，有助于促进双方的互利合作和拓展双方在国际和地区事务中的共同利益。

与此同时，中国倡导和平对话，为中东问题的和平解决作出努力。习近平在阿盟总部的演讲中指出："中国坚定支持中东和平进程，支持建立以 1967 年边界为基础、以东耶路撒冷为首都、享有完全主权的巴勒斯坦国。我们理解巴勒斯坦以国家身份融入国际社会的正当诉求，支持建立新的中东问题促和机制，支持阿盟、伊斯兰合作组织为此作出的努力。"[②] 巴勒斯坦外长马勒基对中国的这一立场表示高度赞赏。对于叙利亚问题，习近平指出，中国尊重叙利亚人民合理诉求，支持尽快落实日内瓦公报，开启

[①] 《中华人民共和国和沙特阿拉伯王国联合声明》，《人民日报》2017 年 3 月 19 日。

[②] 《习近平在阿拉伯国家联盟总部的演讲》（全文），2016 年 1 月 22 日，见 http://news.xinhuanet.com/world/2016-01/22/c_1117855467.htm。

包容性政治过渡，实现叙利亚问题政治解决。① 在中国的努力下，有关各方就叙利亚问题在阿斯塔纳、日内瓦召开和谈，推动叙利亚问题的政治解决。面对中东地区的难民问题和人道主义危机，中国以义为先，加强对中东地区的人道主义救援。2016 年中国向巴勒斯坦提供 5000 万元人民币援助，并向叙利亚、约旦、黎巴嫩、利比亚和也门等国提供 2.3 亿元人民币的人道主义救助。这对于缓解中东地区战争动乱困境产生重要帮助。

（二）互利共赢，共同建设"一带一路"

党的十八大以来，中阿以"一带一路"战略为依托，进一步提高在经济领域的合作水平，双方不断加强上中下游全产业链合作，推进"油气 +"合作新模式，续签长期购油协议，构建互惠互利、安全可靠、长期友好的中阿能源战略合作关系。在中阿共同努力下，双方经贸领域合作得到创新，双方合作空间不断拓展，取得了一系列的突出成就。目前，中国已成为阿拉伯国家第二大贸易伙伴，并同 6 个阿拉伯国家签署了共建"一带一路"协议，7 个阿拉伯国家成为亚洲基础设施投资银行创始成员。

在这一阶段中，中阿积极构建以能源合作为主轴，以基础设施建设、贸易和投资便利化为两翼，以核能、航天卫星、新能源

---

① 《弘扬丝路精神，深化中阿合作》，《人民日报》2014 年 6 月 6 日。

三大高新领域为突破口的"1+2+3"合作格局，并取得了初步成效。在能源合作领域，阿拉伯国家成为中国最大的原油供应基地。在基础设施建设领域，中国于 2015 年新签对阿拉伯国家工程承包合同额 464 亿美元。在贸易和投资领域，2016 年，海湾阿拉伯国家合作委员会重启对华自由贸易区谈判并取得实质性进展；阿拉伯国家建立了两家人民币清算中心，中阿双方成立两个共同投资基金。在高新技术合作领域，2015 年第二届中阿博览会举行，期间正式成立了中阿技术转移中心和中阿卫星数据产业园；2016 年，中国和沙特签订了核电技术合作谅解备忘录。通过上述的一系列合作，中阿在经济领域内的合作形式不断创新，互利共赢得到增强。

（三）传承历史，搭建文化丝绸之路

2016 年 1 月，中国发布了对阿拉伯国家政策文件，强调中国愿同阿拉伯国家一道，致力于促进世界文明的多样性发展，促进不同文明之间的交流互鉴。进一步密切中阿人文交流，加强双方科学、教育、文化、卫生和广播影视领域的合作，增进双方人民相互了解和友谊，促进中阿文化相互丰富交融，搭建中阿两大民族相知相交的桥梁，共同推动人类文明发展进步。[①] 在这一思想的

---

① 《中国对阿拉伯国家政策文件》（全文），2016 年 1 月 13 日，见 http://news.xinhuanet. com/world/2016-01/13/c_1117766388.htm。

指导下，中阿在人文交流领域内取得了一系列突出成果。

中国积极开展同阿拉伯国家的教育和人才交流合作。至 2015 年底，中国有 20 多所大学开设有阿拉伯语相关专业，9 个阿拉伯国家建立了 11 所孔子学院和 5 个孔子课堂，全年在华学习的阿拉伯留学生超过 14000 人。同时，中国还为阿拉伯国家培训大量专业人员，包括了向 8 个阿拉伯国家累计派遣医疗队队员 8980 多人次，双方通过教育领域的合作以及人才的相互交流和输出，促进了人才和思想在"一带一路"上的流动。

中国深入开展同阿拉伯国家在传统文化和艺术领域的交流合作。2016 年，习近平提出了增进中阿人文交流的"百千万"工程，着手落实"丝路书香"设想，开展 100 部中阿典籍互译，出版发行了《中国经典阿拉伯语译丛》等一批文化丛书；实现智库对接，邀请 100 名专家学者互访；提供 1000 个阿拉伯青年领袖培训名额，邀请 1500 名阿拉伯政党领导人来华考察，培育中阿友好的青年使者和政治领军人物；提供 1 万个奖学金名额和 1 万个培训名额，落实 1 万名中阿艺术家互访。中阿双方持续不断的人文交流，推进双方在文化交流领域内的合作不断深化和拓展。

（四）和平合作，维护地区稳定安全

近年来，中东地区持续动荡，巴以问题、中东政局变动、利比亚危机、叙利亚危机、"伊斯兰国"极端组织等不断出现和激化。

这不但威胁着地区稳定，也给全球安全带来了挑战。为此，中国积极推进同阿拉伯国家在军事安全领域的合作，维护地区安全、共同打击恐怖主义。

中国驻黎巴嫩维和部队遵守联合国有关决议和国际法准则，认真履行职责，于 2016 年 8 月和 2017 年 2 月分别完成了扫雷排爆任务和代号为"蓝鸟"的撤离与营救演习，提升了官兵维和意识，维护了当地安全。同时，中阿双方就打击恐怖主义和极端势力展开密切合作。双方加强了网络安全领域内的合作，切断暴力恐怖音视频网络传播渠道，共同参与制定网络空间国际反恐公约；中国为阿拉伯国家提供 3 亿美元援助用于执法合作、警察培训等项目，帮助其加强维护稳定能力建设。中阿在军事安全领域的合作增进了双方战略互信，一方面有助于促进中东地区的安全与稳定，另一方面也对打击国际恐怖主义势力、促进人类和平发展作出了突出的贡献。

综上所述，党的十八大以来，在以习近平同志为核心的党中央带领下，中阿双方以和平合作、开放包容、互学互鉴、互利共赢的丝路精神为指导，积极开展政治、经济、人文和安全等领域的合作，不断地深化合作内容、创新合作形式、拓展合作领域，为中阿共建"一带一路"平台，打造中阿命运共同体开创了良好的局面。

第七章

打造人类命运共同体

　　党的十八大以来，随着中国特色大国外交的稳步推进，中国外交理念和思路也不断创新，全面深化。"人类命运共同体"理念便是新时期中国外交的重大理论创新。从博鳌论坛到联合国系列峰会，习近平发表了一系列以人类命运共同体为主体的演讲，全面阐述了这一具有重大战略意义的主张。构建人类命运共同体，是在洞察国际形势和世界格局演变大趋势的基础上，对人类社会发展进步大潮流的前瞻性思考，它与2014年提出的构建新型国际关系的主张一脉相承，都以合作为本质，以共赢为目标，承载着中国对建设美好世界的崇高理想和不懈追求。如果说新型国际关系侧重回答中国主张构建一种什么样的国家关系，那么人类命运共同体则进一步回答中国追求建设一个什么样的世界，具有更加丰富和深刻的政治、经济、安全、文明、生态等多方面内涵。这个重要理念一经提出，就引起了国际社会尤其是广大发展中国家的普遍肯定和欢迎，日益成为中国外交在国际舞台上的又一面重要旗帜。

一、从和平共处五项原则到人类命运共同体

新中国多边外交已经走过了六十多年的历程。六十多年来，世界风云变幻，国际格局发生了深刻变化，国际秩序经历了重大调整。而多边外交舞台上的中国，始终坚持独立和平的外交理念，积极与世界其他国家结成伙伴关系，为争取广大发展中国家利益、维护地区与世界和平稳定、促进全球经济共同发展作出了卓越贡献。同时，中国也通过自身多边外交的理念与实践，向世界传达了中国对于国际关系与世界秩序的观点与立场。纵观六十多年来的中国多边外交，不断有新的理念被提出，其内涵也随着世界形势的发展变化不断丰富和深化，为当代国际关系持续注入新的活力。

提出指导国际关系的和平共处五项原则。1953 年 12 月 31 日，周恩来在中印谈判时首次提出了和平共处五项原则的思想，认为中印两国应该在互相尊重领土与主权完整、互不侵犯、互不干涉内政、平等互惠、和平共处原则的基础上发展两国的友好关系。印方同意以这五项原则为指导谈判的原则。1954 年日内瓦会议休会期间，周恩来应印度和缅甸总理的邀请分别访问了这两个国家。访问期间，周恩来多次阐述了和平共处五项原则思想。在周恩来结束访问印度时发表的中印两国总理联合声明中，双方重申把和

平共处五项原则作为指导两国关系的原则，还强调这些原则也适用于中印与亚洲和世界其他国家的关系。一天以后发表的中缅两国总理联合声明再次重申了这些原则，两国总理还指出，"如果这些原则能为一切国家所遵守，则社会制度不同的国家的和平共处就有了保证"。和平共处五项原则一诞生，就获得了许多亚洲国家的支持，显示了强大的生命力。1955 年 4 月，在印度新德里召开的有 16 个国家参加的亚洲国家会议通过的决议声明，"完全支持中印两国总理宣布并得到其他许多国家支持的五项原则"。20 世纪六七十年代以后，中国与其他一系列国家签订的关于双边关系原则的正式文件包括《中美联合公报》《中日联合声明》在内，都包含了和平共处五项原则的内容。时至今日，已有近百个国家在与中国签订的双边文件中确认了和平共处五项原则。和平共处五项原则经历了历史的考验，得到越来越多国家的认同，成为现代国际法的基本内容之一。

呼吁建立国际政治经济新秩序。20 世纪 80 年代，中国领导人经过冷静观察和客观分析，改变了战争不可避免的估计，认为世界和平因素的增长超过战争因素的增长，世界大战可以避免，争取较长时间的和平是可能的。在此基础上，邓小平提出，"现在世界上真正大的问题，带全球性的战略问题，一个是和平问题，一个是经济或者说发展问题"[1]，明确了和平与发展是当今世界的

---

[1] 《邓小平文选》第三卷，人民出版社 1993 年版，第 105 页。

两大主题。在这个各国相互依赖不断加深的世界，中国以及广大发展中国家要实现自身的发展，离不开各国间的经济合作。然而历史证明，在大国强国对小国弱国进行掠夺、转嫁危机的国际旧秩序下，落后国家不可能实现真正的发展。中国追求自身发展的良好国际环境，同时也关心广大发展中国家的命运，因此积极支持推动建立国际经济新秩序。中国在各种国际场合不断呼吁和推动"南北对话"与"南南合作"，为建立国际经济秩序作出了巨大的努力。此后，中国领导人也意识到国际政治中的强权政治依然存在，距离实现公平、合理、和平、稳定的国际关系还相差甚远，因此又提出建立国际政治新秩序，坚定反对霸权主义，维护世界和平。1988 年，邓小平在会见印度总理拉吉夫·甘地时谈道："世界上现在有两件事情要同时做，一个是建立国际政治新秩序，一个是建立国际经济新秩序。"[1]1990 年，邓小平进一步指出："要积极推动建立国际政治经济新秩序。"[2]国际政治经济新秩序实际上是和平共处五项原则在国际秩序问题上的延伸，中国主张在和平共处五项原则的基础上建立国际新秩序，就是要结束霸权主义，实现公正合理、平等互利的国际秩序。这样的新秩序符合当代国际关系中的民主精神，反映了国际社会特别是广大发展中国家的共同愿望，符合世界各国人民的根本利益，有利于世界和平与发展。这一主张一经提出，就引起许多国家的共鸣，受到国际社会的热

[1] 《邓小平文选》第三卷，人民出版社 1993 年版，第 282 页。
[2] 《邓小平文选》第三卷，人民出版社 1993 年版，第 363 页。

烈欢迎。

倡导国际政治多极化与国际关系民主化。2000 年 9 月，江泽民在联合国"千年首脑会议"上，全面系统阐述了中国关于国际新秩序的主张，倡导"国际政治多极化，国际关系民主化"。江泽民在会上指出："推动国际格局走向多极化，是时代进步的要求，符合各国人民的利益，有利于世界和平与安全。这种多极化格局不同于历史上各大国争霸、瓜分势力范围的局面。各国应是独立自主的，各国的相互合作及各种形式的伙伴关系，不应针对第三方。大国对于维护世界和地区和平负有重要责任，大国应该尊重小国，强国应该扶持弱国，富国应该帮助穷国。"还指出："世界上所有的国家，无论大小、贫富、强弱，都是国际社会中平等的一员，都有参与和处理国际事务的权利。各国主权范围内的事情只能由本国政府和人民去管，世界上的事情只能由各国政府和人民共同商量来办。这是处理国际事务的民主原则。"①

构建和谐世界。2005 年 4 月 22 日，在印尼首都雅加达举行的亚非峰会上，中国领导人首次在国际场合提出"和谐世界"的理念。胡锦涛在会上发表演讲，提到："要发扬亚非会议求同存异的优良传统，倡导开放包容精神，尊重文明、宗教、价值观的多样性，尊重各国选择社会制度和发展模式的自主权，推动不同文明

---

① 《在联合国千年首脑会议上的讲话》，《人民日报》2000 年 9 月 7 日。

友好相处、平等对话、发展繁荣，共同构建一个和谐世界。"①2005年9月15日，在联合国60周年首脑会议上，胡锦涛发表题为《努力建设持久和平、共同繁荣的和谐世界》的讲话，全面阐述了中国对世界形势和重大国际问题的看法和立场，并指出："在人类漫长的发展史上，各国人民的命运从未像今天这样紧密相连、休戚与共。共同的目标把我们联结在一起，共同的挑战需要我们团结在一起。""历史昭示我们，在机遇和挑战并存的重要历史时期，只有世界所有国家紧密团结起来，共同把握机遇、应对挑战，才能为人类社会发展创造光明的未来，才能真正建设一个持久和平、共同繁荣的和谐世界。"②2005年12月，国务院新闻办公室发表《中国的和平发展道路》白皮书，正式表述了中国对和谐世界的理解和中国对建设和谐世界已作出的贡献。文中指出："中国认为，和谐世界应该是民主的世界，和睦的世界，公正的世界，包容的世界。"③中国领导人提出的"和谐世界"理念和其所包含的中国对外战略引起国际社会的高度关注，得到了广泛的传播。

构建以合作共赢为核心的新型国际关系。2014年11月，习近平在中央外事工作会议上指出："我们要坚持合作共赢，推动建立以合作共赢为核心的新型国际关系，坚持互利共赢的开放战略，

---

① 《与时俱进 继往开来 构筑亚非新型伙伴关系——在亚非峰会上的讲话》，《人民日报》2005年4月23日。

② 《努力建设持久和平、共同繁荣的和谐世界》，《人民日报》2005年9月16日。

③ 《中国的和平发展道路》，2005年12月22日，见 http://www.scio.gov.cn/zfbps/ndhf/2005/Document/307900/307900.htm。

把合作共赢理念体现到政治、经济、安全、文化等对外合作的方方面面。"①"推动建立以合作共赢为核心的新型国际关系"成为新时期中国外交思想的指导原则。"合作共赢"是新型国际关系的核心，即双方或多方在合作中互惠互利、相得益彰，从而实现各方的共同收益。它以合作为路径，以共赢为目标，打破了过去国际关系中的零和博弈思维，超越了历史上大国之间竞争对抗的宿命，为未来国际关系的发展指明了方向。

打造人类命运共同体。2011 年《中国的和平发展》白皮书首次提出"命运共同体"的新概念。党的十八大报告强调，人类只有一个地球，各国共处一个世界，要倡导"人类命运共同体"意识。2013 年 4 月，习近平在博鳌论坛上进一步指出："人类只有一个地球，各国共处一个世界。共同发展是持续发展的重要基础，符合各国人民长远利益和根本利益。我们生活在同一个地球村，应该牢固树立命运共同体意识，顺应时代潮流，把握正确方向，坚持同舟共济，推动亚洲和世界发展不断迈上新台阶。"2015 年 9 月 28 日，习近平在第 70 届联合国大会上发表了题为《携手构建合作共赢新伙伴，同心打造人类命运共同体》的重要讲话，全面阐述了打造人类命运共同体的内涵。习近平在讲话中指出："和平、发展、公平、正义、民主、自由，是全人类的共同价值，也是联合国的崇高目标。目标远未完成，我们仍须努力。当今世界，各

---

① 《习近平在中央外事会议发表重要讲话强调：高举和平、发展、合作、共赢旗帜》，《人民日报·海外版》2014 年 12 月 1 日。

国相互依存、休戚与共。我们要继承和弘扬联合国宪章的宗旨和原则，构建以合作共赢为核心的新型国际关系，打造人类命运共同体。"

二、人类命运共同体的理论内涵与思想渊源

（一）人类命运共同体的理论内涵

习近平在题为《携手构建合作共赢新伙伴，同心打造人类命运共同体》的讲话中指出，打造人类命运共同体，要建立平等相待、互商互谅的伙伴关系，营造公道正义、共建共享的安全格局，谋求开放创新、包容互惠的发展前景，促进和而不同、兼收并蓄的文明交流，构筑尊崇自然、绿色发展的生态体系。这五个方面形成了打造人类命运共同体"五位一体"的总布局和总路径，从不同角度诠释了人类命运共同体的内涵，相辅相成、缺一不可，形成一个完整统一的有机整体。

建立平等相待、互商互谅的伙伴关系。世界的前途应当由各国共同掌握。世界各国一律平等，不能以大压小、以强凌弱。主权平等原则贯穿于联合国宪章始终，它不仅体现在各国主权和领土完整不容侵犯、内政不容干涉，还应体现在各国自主选择社会制度和发展道路的权利应当得到维护，体现在各国推动经济社会

发展、改善人民生活的实践应当受到尊重。要奉行双赢、多赢、共赢的新理念，扔掉我赢你输、赢者通吃的"零和"思维。要奉行多边主义，摒弃单边主义，让民主协商成为解决国际分歧与争端的主要方法。习近平指出，我们要在国际和区域层面建设全球伙伴关系，走出一条"对话而不对抗，结伴而不结盟"的国与国交往新路。与大国相处，要努力构建不冲突不对抗、相互尊重、合作共赢的新型大国关系；与小国相处，要平等相待，践行正确的义利观，义利相兼，义重于利。构建伙伴关系将是实现人类命运共同体的主要途径。平等相待、互商互谅，探索构建不设假想敌、不针对第三方、具有包容性和建设性的伙伴关系，将使各国摆脱结盟或对抗的历史窠臼。打造人类命运共同体，为各国正确处理相互关系指明了方向。

营造公道正义、共建共享的安全格局。在这个高度全球化的时代，各国安全紧密相连、彼此影响。没有一个国家仅凭一己之力便能保证自身的绝对安全，也没有一个国家可以在国际社会中独善其身，甚至从别国的动荡中收获稳定。弱肉强食的丛林法则不是国家间相处的长久之道，穷兵黩武的霸道做法也终会害人害己。习近平指出，我们要摒弃一切形式的冷战思维，树立共同、综合、合作、可持续的新安全观。首先，要充分发挥联合国及安理会在止战维和方面的核心作用，通过和平解决争端和强制性行动双轨并举，化干戈为玉帛。其次，要推动经济和社会领域的国际合作齐头并进，统筹应对传统和非传统安全威胁，防战争祸患于未然。共同安全是人类命运共同体的重要保障。没有真正的安全，就不可能实现人类命运共同体。这一安全观是对世界和平与安全事业的积极贡献，有利于各国增进互信与协作、共同应对安全难题、维护世界和地区和平。

谋求开放创新、包容互惠的发展前景。历史的经验告诉我们，放任资本逐利，终会引发危机，2008年的国际金融危机就是最直接的证明。缺乏道德与合理规则的市场就算一时繁荣，也只会使富者愈富、穷者愈穷，既无法实现经济的持续发展，也无法让所有人享受发展成果，有违公平正义。因此，要努力形成市场作用和政府作用有机统一、相互促进，打造兼顾效率和公平的规范格局。人类命运共同体所追求的发展，是全人类共同的发展，是可持续的发展。要实现这样的发展，就要秉承开放精神，推进互帮互助、互惠互利。坚持合作共赢是人类命运共同体的基本原则。习近平指出，要构建以合作共赢为核心的新型国际关系，摒弃零和游戏、你输我赢的旧思维，树立双赢、共赢的新理念，在追求自身利益时兼顾他方利益，在寻求自身发展时促进共同发展。中国积极倡导合作共赢，以合作取代对抗，以共赢取代独占。这从根本上摒弃了弱肉强食的丛林法则，有利于开辟各国共同发展的新时代，创造出人人免于匮乏、获得发展、享有尊严的光明前景。

促进和而不同、兼收并蓄的文明交流。文明的多样性是世界的常态，也是人类文明不断进步的重要推动力。文明相处需要有和而不同的精神。中国历来以其宽广的胸怀容纳不同文明，崇尚

"各美其美，美人之美；美美与共，天下大同"的美好图景。只有在多样中相互尊重、彼此借鉴、和谐共存，这个世界才能丰富多彩、欣欣向荣。不同文明凝聚着不同民族的智慧，对人类文明都有其特殊的贡献，不存在高低优劣之分。文明之间应当开展对话交流，而不是互相排斥，甚至妄图互相取代。我们要尊重各种文明，平等相待，互学互鉴，兼收并蓄，推动人类文明实现创造性发展。文明的交流是人类命运共同体的牢固纽带。建设人类命运共同体，促进文明交流互鉴是重要一环。习近平强调，不同民族、不同文明没有优劣之分，只有特色之别；不同文明和谐共处、交流互鉴，可以成为增进各国人民友谊的桥梁、推动人类社会进步的动力、维护世界和平的纽带。只有秉持这样的文明观，不同文明才能实现共同发展，共同促进人类社会和谐进步。西方鼓吹的"文明冲突论"或"文明优越论"，实则是以孤立和僵化的眼光看待人类文明，将不同文明过去的区别和历史上的冲突绝对化、永恒化，却拒绝承认文明本身是不断发展的，具有强大的包容性和弹性，没有看到文明之间相互包容借鉴的广阔空间，也没有看到每一种文明都有现阶段难以估量的发展潜力，其实质是在主观制造世界的分裂。这与人类命运共同体的精神背道而驰，对于人类社会的进步没有任何建设性的意义。

构筑尊崇自然、绿色发展的生态体系。人类归根结底是自然的一部分，在改造和利用自然的同时，必须尊重自然，不能凌驾于自然之上。工业革命后，人类一度以牺牲自然为代价，盲目追求经济的发展，已经造成了严重的后果，危及人类自身。我们要吸取教训，从人类的长远未来出发，解决好工业文明带来的矛盾，以人与自然和谐相处为目标，实现世界的可持续发展和人的全面发展。对此，国际社会应该携手同行，共谋全球生态文明建设，牢固树立尊重自然、顺应自然、保护自然的意识，坚持走绿色、低碳、循环、可持续发展之路。实现可持续发展是人类命运共同体存在的必要条件。人类命运共同体是我们长期的共同追求，而不是历史的昙花一现，如果没有人类的可持续发展，那么人类命运共同体也就无法长久存在，只能沦为一种乌托邦式的美好向往。

（二）人类命运共同体的思想渊源

第一，人类命运共同体体现了马克思主义哲学的深刻理论内涵。马克思主义哲学追求人的自由全面发展，向往建立"自由人的联合体"。在这个联合体当中，人类将超越狭隘的阶级、地域、国家的限制，所有联合起来的个人按照最符合人的需要的方式来支配世界性的普遍联系，实现所有人的全面发展。打造人类命运共同体的理念超越了国家的界限，站在世界的高度思考人类的发展问题，正是对实现人类的全面发展所进行的现实探索。

第二，人类命运共同体是对中国优秀传统思想文化的传承和发扬。中国自古以来便有"和为贵""仁者爱人"的处世理念和"协和万邦""天下大同"的世界理想。中国传统文化的主流价值观注重"仁爱""和谐"，崇尚以德服人、以理服人，反对穷兵黩武、恃强凌弱。中华文明历来是以开放式的眼光看待外部世界，将"天下"视为一个整体，而不同于历史上西方以二元思维看待"我"与"他者"、将自身与外部世界对立起来的做法。这些优秀的传统文化理念为我们处理今天的国际关系提供了丰富、深厚的思想财富。打造人类命运共同体，就是要在继承中国优秀传统思想文化的基础上将其运用于当代问题，发扬于当代世界，走出一条具有中国特色的国际关系之路。

第三，人类命运共同体是对新中国外交优秀传统的继承和发展。自新中国成立以来，中国领导人在把握世界发展潮流，立足中国国情的基础上，先后提出了坚持独立自主的和平外交政策、坚持和平共处五项原则、坚持互利共赢的开放战略、坚持推动建设和谐世界的思想等重要外交理念与重大决策。这些理念与实践共同构成了新中国外交的优秀传统。打造人类命运共同体，继承新中国的优秀外交传统，保持中国和平外交的本色，将中国的外交理念进一步丰富发展。

第四，人类命运共同体是对人类历史经验教训的总结与反思，对当代世界优秀理念与实践成果的借鉴。从300多年前的威斯特伐利亚体系，到后来的维也纳体系、凡尔赛—华盛顿体系，尽管国家主权平等的原则早已确立，世界却从未实现真正长久的和平，战争充斥着整个人类历史的进程。第二次世界大战后的两极格局，又让世界陷入冷战，尽管没有再爆发大的战争，但仍有大国推行霸权主义倾轧小国，局部冲突时有发生。对此，应当深刻反思历史的教训，以避免重蹈覆辙，再度将人类置于战争灾难中。自二战结束以来，不少政治家、学者努力探索人类发展的新道路，关于反对强权政治、建立国际新秩序、加强国际合作与全球治理的优秀思想成果大量涌现；各国也不断进行建设各种共同体的尝试，取得了瞩目成果，积累了丰富经验。人类命运共同体的理念，在对过去人类历史进行深刻总结与反思的基础上，综合借鉴了当代各国优秀思想成果和有益经验，超越了国际关系中的陈旧思维，同时又紧跟时代潮流，吸收了世界前沿的创造性思想理念，实现了"破旧"与"立新"、"综合"与"创造"的有机统一。

第五，人类命运共同体是对联合国宪章宗旨与原则的秉承和弘扬。1945年通过的联合国宪章，是经历了第二次世界大战的主要反法西斯同盟国家，为使人类不再遭受战祸而签订的国际法文件，是联合国的根本大法，为每一个联合国成员国所必须遵守。宪章中规定了联合国"维护国际和平及安全""发展国际间以尊重各国人民平等权利自决原则为基础的友好关系"的宗旨，并规定联合国及其成员国"应遵循各国主权平等""以和平方式解决国际争端""在国际关系中不适用武力或武力威胁"等原则。作为联合国主要创始国之一的中国，始终忠实履行联合国宪章所规定的宗旨和原则。人类命运共同体的理念，同样将宪章规定的宗旨和原则作为国际关系的基本规范和准则。习近平在阐述人类命运共同体理念时指出，要"建立平等相待、互商互谅的伙伴关系""世界各国一律平等"，表明了中国捍卫联合国宪章的忠实立场和维护世界和平的坚定决心。

三、人类命运共同体的鲜明特色

人类命运共同体以其深厚丰富的思想渊源和科学深刻的内涵，引领人类和平发展进步的潮流，展现出了鲜明的中国特色。

（一）平等公正是根本前提

打造人类命运共同体，意味着各国不分大小、强弱、贫富一律平等，共同享受尊严、发展成果和安全保障，维护以联合国宪章宗旨和原则为核心的国际关系基本准则和国际法基本原则，始终坚持平等、公正的基本价值。平等公正是实现人类命运共同体的基本前提，没有真正平等的国家关系，就会出现大国强国主宰小国弱国命运的情况。一部分国家的发展繁荣以另一部分国家的苦难落后为前提，这样的世界里，不存在共同命运。"人人平等"的概念源于启蒙运动后的欧洲，作为欧洲建立现代国家的一条重要原则深入人心，然而当西方大国对外殖民扩张时，却没有平等对待其他国家和地区的人民，而是对其进行残酷的掠夺和压迫，这充分说明了其"平等"观念的局限性和虚伪性。而人类命运共同体所坚持的平等，是真正的、全人类意义上的平等，它摒弃了因民族、国家和文明差异而产生的偏见和弱肉强食的丛林法则，为世界各国彼此尊重、共同创造人类未来指明了方向。

（二）和平稳定是基本状态

和平是中国外交的根本属性，也是打造人类命运共同体的本质特征和重要前提。打造人类命运共同体，需要各国都坚持走和平发展道路，反对使用或威胁使用武力；尊重每一个国家的主权和正当权益，同时坚持通过对话协商以和平方式处理国际争端，实现各国和睦相处、和谐共生、和平发展。和平解决国际争端的方式才是建设性的方式，用战争或武力威胁的方式处理分歧和争端，其结果往往是破坏性的，只会给有关国家的人民带来灾难和痛苦。过去人类历史上几次重大的国际体系变革，都是通过大规模战争实现的，然而事实证明，战争并不能真正解决问题，反而又埋下了仇恨和误解的种子，短暂的和平背后潜伏着新的危机和冲突。打造人类命运共同体，就是要让和平稳定成为国际社会的常态，让全人类享受长久的和平，在一个和谐安宁的世界里携手共进。

（三）开放包容是内在精神

人类命运共同体是一个开放包容的体系。它以求同存异、和而不同的开放精神，将全世界不同地理区域、不同历史文化背景、不同社会政治经济制度和不同发展阶段的国家包容其中。只要各国认同和接受人类命运共同体的基本精神和原则，就可以彼此加强合作、谋求共赢，在共同体的大舞台上维护和拓展各自的正当利益，并为推动人类社会的发展进步作出应有贡献。过去存在于历史上的各个国际关系体系，实际上只是若干个封闭系统的并存，严重阻碍着各国的发展进步。例如冷战时期，世界划分为东西方两大阵营，很多国家只在本阵营内部开展较为深入和广泛的交流与合作，而两大阵营间的往来则较为贫乏。人类命运共同体就是要打破各种造成国家和地区自我封闭的隔阂，实现所有国家之间的自由交流和广泛合作，将国际合作为国家发展带来效果最大化。正因为人类命运共同体的开放包容精神，使得每一个置身其中的国家都拥有前所未有的广阔发展空间和无限发展可能。

（四）多元多维是必然思路

人类命运共同体不是某种简单的"普世价值"，其本身是一个多元化的体系，尊重和肯定各种差别的存在，并鼓励多元化和多样性。人类命运共同体不是一个由大国主导的等级制体系，而是一个多元化的网络体系。在人类命运共同体当中，不存在一个主导一切的大国，所有重大议题都需要各国充分参与，共同发挥作用。同时，人类命运共同体也是一个多维度的复合概念。从层次上看，它既是指全球意义上的人类命运共同体，也包含地区意义上的共同体，如亚洲命运共同体。当前，中国在双边、地区、全球层面都提出了构建命运共同体倡议，不同层次的命运共同体彼此推进，相辅相成。从领域上看，人类命运共同体理念涵盖政治、安全、文明、生态等多个领域，对人类发展的未来做出了细致全面的构思和规划。从进程上看，人类命运共同体在不同的发展阶段中各有侧重。首先是利益共同体，各国充分合作，追求共赢，共享发展利益。进而是责任共同体，各国面对各种全球性的问题和挑战，要同舟共济，共同承担责任。在利益共享、责任共担的基础上，共同体的意义和性质不断升华，最终走向人类命运共同体。

（五）科学精神是长久保证

人类命运共同体理念以辩证唯物主义和历史唯物主义的科学精神为支撑。它在国际关系的实践中孕育产生，是对国际关系发展规律的客观认识，对国际关系发展方向的准确把握。人类命运共同体既不是吸引眼球的外交辞令，也不是脱离现实的空想，它有自身符合客观条件的实现路径与步骤，同时有明确的价值取向和行为准则，对于当前各国面临的全球性难题提出了准确可行的解决思路，同时又包含了对未来人类社会发展的前瞻性思考。同时，人类命运共同体也将继续在实践中不断发展完善，为人类科学合理地处理与彼此、与自然的关系，实现全面发展发挥应有的作用。正是这样一种从实践出发的科学精神，贯穿于打造人类命运共同体的始终，成为人类命运共同体建立、发展的长久保证。

四、通向人类命运共同体的现实道路

自"人类命运共同体"的理念提出以来，习近平在一系列双边和多边外交场合多次强调树立人类命运共同体意识，提出共建中国—东盟命运共同体、中国巴基斯坦命运共同体、亚洲命运共同体、中拉命运共同体、中非命运共同体等，表明了中国在打造人类命运共同体的实践中所做的积极努力。在推动建设各种命运共同体的实践中，中国展现出了负责任大国的形象，发挥了建设性的引领作用，为通向人类命运共同体开辟了现实道路。

（一）建立多边伙伴关系，推动共同体意识落地生根

习近平指出："我们要坚持多边主义，不搞单边主义"；"要在国际和区域层面建设全球伙伴关系，走出一条'对话而不对抗，结伴而不结盟'的国与国交往新路。"①近年来，中国在建设全球伙

---

① 《携手构建合作共赢新伙伴，同心打造人类命运共同体——在第七十届联合国大会一般性辩论时的讲话》，《人民日报》2015 年 9 月 29 日。

伴关系方面取得了令人瞩目的成果，极大推动了命运共同体意识在各国落地生根。

中欧合作呈现东西南北均衡拓展、"四大伙伴关系"建设全面开花的良好势头。2015年10月，习近平对英国进行国事访问，双方同意建立面向21世纪全球全面战略伙伴关系，开启中英关系"黄金时代"。习近平此访为新兴大国与传统大国深化互信与合作树立了标杆，为中欧合作注入了新动力。2016年习近平两访中东欧，李克强出席中国—中东欧国家领导人里加会晤，奏响对欧外交"中东欧协奏曲"，巩固"16+1"合作前行势头，描绘了中国—中东欧合作新蓝图。中国成功主办第十八次中欧领导人会晤，中法、中德各领域交流合作机制取得新成果。英国新首相特雷莎·梅表示愿继续致力于打造英中关系"黄金时代"，预示着中英合作将会更上一层楼。

2015年，习近平与拉美和加勒比四国领导人共同出席在京举行的中拉论坛首届部长级会议。习近平在开幕式致辞中指出，中拉关系全面快速发展，得益于双方对构建中拉命运共同体的愿望更加强烈。会议标志着中拉关系进入双方合作与整体合作并行发展、相互促进的新阶段，实现了中方倡导、面向发展中国家的地区多边合作框架全球覆盖。2016年，中国同厄瓜多尔、智利关系提升至全面战略伙伴关系，使我国在拉美全面战略伙伴关系达到7对。习近平同秘鲁总统库琴斯基在两个多月内实现互访，将中秘全面战略伙伴关系提升到新高度。习近平在秘鲁国会发表面向整个拉美的重要讲话，倡导铸就携手共进的中拉命运共同体，为中拉关系发展开辟了更广阔前景。

2015年底，习近平对津巴布韦、南非进行国事访问并在约翰内斯堡主持中非合作论坛峰会，将中非关系提升为全面战略合作伙伴关系。习近平在峰会上强调："中方将秉持真实亲诚对非政策理念和正确义利观，同非洲朋友携手迈向合作共赢、共同发展的新时代。"2016年我国共接待近20位非洲国家领导人访华或来华出席相关活动，成功举办中非合作论坛约翰内斯堡峰会成果落实协调人会议，全面落实习近平提出的"中非十大合作计划"，推动中非友好合作迈向更高水平。

2016年1月，习近平首次对沙特、埃及、伊朗进行国事访问，并访问阿盟总部。习近平在阿盟面向整个中东发表了重要演讲，提出中国要做中东和平的建设者、发展的推动者、工业化的助推者、稳定的支持者和民心交融的合作伙伴，有针对性地提出了促进稳定、创新合作、产能对接、增进友好等四项行动计划。习近平还强调，中国在中东不找代理人，而是劝和促谈；不搞势力范围，而是推动大家一起加入"一带一路"朋友圈；不谋求填补"真空"，而是编织互利共赢的合作伙伴网络。

（二）提倡新安全观，打造安全共同体

2014年5月，习近平在亚洲相互协作与信任措施会议第四次

峰会上发表讲话，倡导树立共同、综合、合作、可持续安全的新观念。共同，就是要尊重和保障每一个国家安全。综合，就是要统筹维护传统领域和非传统领域安全。合作，就是要通过对话合作促进各国和本地区安全。可持续，就是要发展和安全并重以实现持久安全。2016 年 4 月 28 日，习近平在亚信第五次外长会议开幕式上的讲话中指出，要"把握方向，构建亚洲命运共同体"。①

中国坚定推进朝鲜半岛无核化这一既定目标，同时坚持通过对话谈判解决核问题以维护半岛和平稳定。致力于打破半岛问题的负面循环，主动提出半岛无核化与停和机制转换"双轨并行"的解决方案，据此寻找恢复六方会谈的突破。中国坚定支持阿富汗推进国内政治和解，积极参与阿富汗问题伊斯坦布尔进程，通过自身渠道以及中美巴阿四方机制为此奔走斡旋。中国深度参与伊朗核问题谈判，积极斡旋南苏丹国内和解，提出政治解决叙利亚问题"四步走"框架思路，向世界多个热点地区派驻 2700 余名维和人员，促成阿富汗政府与塔利班首轮和谈，努力为重启朝鲜半岛核问题六方会谈创造条件。为解决热点问题提出的中国方案，在国际社会收获诸多肯定与赞誉。联合国维和行动是维护世界和平与安全的重要途径。中国作为联合国安理会常任理事国，参加维和行动已经 25 年，成为维和行动主要出兵国和出资国。中国宣布加入新的联合国维和能力待命机制，决定为此率先组建常备成

---

① 《凝聚共识　促进对话　共创亚洲和平与繁荣的美好未来——在亚信第五次外长会议开幕式上的讲话》，《人民日报》2016 年 4 月 29 日。

建制维和警队，并建设 8000 人规模的维和待命部队。今后 5 年，中国将向非盟提供总额为 1 亿美元的无偿军事援助，以支持非洲常备军和危机应对快速反应部队建设。

（三）推动全球经济，构建发展共同体

中国通过各种多边机制，为全球经济发展贡献力量，致力于打造互利共赢、共同发展的发展共同体。

2016 年，中国成功主办二十国集团领导人杭州峰会。作为东道主，中方推动各方把创新和结构性改革作为开创世界发展新格局的主线，扩大了中国新发展理念的国际影响，提升了中国改革开放的世界意义，引领了世界经济和全球治理的前进方向。在中方精心设计和全力打造下，杭州峰会成为 G20 历史上发展中国家参与最广泛、发展特色最鲜明、发展成果最突出的一次峰会。峰会首次把创新作为核心成果，首次把发展议题置于全球宏观政策协调的突出位置，首次形成全球多边投资规则框架，首次发布气候变化问题主席声明，首次把绿色金融列入 G20 议程。峰会达成的 29 项重要成果，在 G20 进程中留下深刻的中国印记，成为 G20 发展史上一座里程碑。

在亚太经合组织（APEC）利马会议上，习近平直面"逆全球化"、保护主义、区域合作碎片化等重大问题，站立历史潮头，发出时代强音，强调要反对一切形式的保护主义，用行动表明亚太

对经济全球化决心不变、信心不减，同时引领经济全球化进程向更加包容普惠的方向发展；呼吁各方把共识转化为行动，早日建成亚太自贸区，促进经济一体化，促进互联互通，促进改革创新，促进合作共赢。习近平提出的重要主张同 APEC 北京会议共识和 G20 杭州峰会成果一脉相承，在国际上起到稳定人心、提振信心、凝聚共识的重要作用。在中方引领推动下，利马会议专门通过了《亚太自贸区利马宣言》，确立了推进亚太自贸区的指导原则、重点领域、评估机制和基本框架，不仅保持了亚太自贸区建设势头，更为这一进程注入了新的动力。

中国继续推进"一带一路"建设。习近平在乌兹别克斯坦议会发表重要演讲，总结"一带一路"倡议提出以来取得的进展，提出中国愿同沿线国家携手打造"绿色、健康、智力、和平"四大指向的"丝绸之路"，明确了"一带一路"建设的大方向，描绘了共建"丝绸之路"的新愿景，得到国际社会普遍响应。迄今为止已有 100 多个国家和国际组织表达了积极支持和参与的态度，中国已同 40 多个国家和国际组织签署共建"一带一路"合作协议。《建设中蒙俄经济走廊规划纲要》正式签署，实现了"一带一路"在多边经济走廊方面的突破。"一带一路"与欧亚经济联盟对接合作稳步推进。亚太经合组织首次在领导人宣言中写入共商、共建、共享等"一带一路"核心理念。2016 年，亚洲基础设施投资银行开业运营，丝路基金首批投资项目顺利启动。中国、沙特成立高级别委员会并举行首次会议，就能源、产业园区合作达成重要成果。中国—海合会以及中以自贸区谈判也在持续取得积极进展。

（四）加强人文交流，塑造人文共同体

习近平指出："不同文明凝聚着不同民族的智慧和贡献，没有高低之别，更无优劣之分。文明之间要对话，不要排斥；要交流，不要取代。""要促进不同文明不同发展模式交流对话，在竞争比较中取长补短，在交流互鉴中共同发展。"习近平提出的一系列文明交流互鉴主张，成为增进各国人民友谊的桥梁、推动人类社会进步的动力、维护世界和平的纽带。

2013 年 10 月，习近平在印度尼西亚提出促进青年、智库、议会、非政府组织、社会团体等的友好交流，为中国—东盟关系发展提供更多智力支撑，增进人民了解和友谊。2014 年 7 月，习近平参加在巴西首都巴西利亚举行的中国—拉美和加勒比国家领导人会晤时表示，中国将在未来 5 年内向拉美和加勒比国家提供 6000 个政府奖学金名额、6000 个赴华培训名额以及 400 个在职硕士名额，邀请 1000 名拉美和加勒比国家政党领导人赴华访问交流。2015 年 4 月，习近平在亚非领导人会议上提出，中国未来 5 年内将向亚非发展中国家提供 10 万名培训名额；连续在华举办亚非青年联欢节，共邀请 2000 名亚非青年来华访问并参加联欢；将成立中国—亚非合作中心，进一步推进亚非各国交流合作。2016 年，中国与其他国家和地区举办了中拉文化交流年、中埃文化年、

中俄媒体交流年等人文交流活动。正是通过这样平等、宽容、多样的文明交流与对话，中国为文明的包容性、创造性发展发挥着积极作用，推动着人文共同体的形成。

五、打造人类命运共同体的重大意义

打造人类命运共同体，是中国特色大国外交理论与实践的伟大创新，对党、对国家乃至全世界都具有重大意义。

（一）丰富了党的治国理政方略

打造人类命运共同体，丰富了党中央治国理政的理念和方略。党的十八大以来，以习近平同志为核心的党中央在保持对外大政方针稳定连续的基础上，大力推进外交理论与实践创新，开启了中国特色大国外交的新征程。作为中国外交创新的核心成果，打造人类命运共同体成为新时期中国特色大国外交追求的目标。在这一目标的指引下，确立了以坚持和平发展为战略选择、以寻求合作共赢为基本原则、以建设伙伴关系为主要路径、以践行正确义利观为价值取向的中国特色大国外交理论体系框架，丰富了以习近平同志为核心的党中央治国理政的理念和方略，成为中国特色社会主义理论体系的重要组成部分。

（二）开辟了中华民族伟大复兴的新境界

打造人类命运共同体，为中华民族伟大复兴开辟了新境界、提供了新动力。当今中国比历史上任何时期都更加走近世界舞台的中央，比历史上任何时候都更加接近实现民族复兴的目标。随着中华民族伟大复兴进入关键阶段，中国与世界的前途命运空前紧密地联系在一起。中国倡导并推动人类命运共同体建设，把中国人民的利益同各国人民的共同利益结合起来，把中国梦同世界梦联结起来，赋予中华民族伟大复兴更加深刻的世界意义，体现了中国将自身发展与世界共同发展相统一的全球视野、世界胸怀和大国担当。在打造人类命运共同体进程中，中国推动世界各国和平共处、良性互动、合作共赢，将为中华民族伟大复兴营造良好外部环境。

（三）架起了中国话语与全世界的沟通桥梁

打造人类命运共同体，是中国话语在人类发展问题上的重要表达，是中国优秀传统文化和外交理念的生动呈现，展现出独特的中国智慧和鲜明的中国话语特色。而同时，人类命运共同体的理念也反映了世界各国人民发展进步的共同愿望，实现了中国特色与人类共同价值的统一，"中国话语"与"人类话语"的结合，赢得了世界各国的认同和欢迎。人类命运共同体是中国与世界的共同追求，为中国和全世界的沟通架起了新的桥梁。在打造人类命运共同体的共同目标之下，中国将更加紧密地与全世界联系在一起，与各国加深彼此的理解和认同。

（四）贡献了未来国际秩序的中国方案

当前，世界正处于历史性变革之中，国际格局正在发生复杂而深刻的变化。旧的国际秩序日益暴露出其落后于时代潮流、无法保证国际社会公平公正、难以解决当代重大国际问题的弊端。而各国都在思考，未来新的国际秩序应当是什么样，如何维护联合国宪章的宗旨和原则，如何保证各国的和平与安全，如何实现人类的共同发展。中国倡导打造人类命运共同体，对于塑造什么样的国际秩序、怎样实现新的国际秩序这一重大问题提出了中国方案，以独特的中国智慧勾画出了未来世界的宏伟蓝图。

第八章

维护国家利益与推进全球治理体系变革

　　坚决维护国家的核心利益是中国外交的神圣使命，新中国成立 60 多年来，中国坚决维护国家独立和主权、捍卫民族尊严，从未在外来压力下弯过腰、低过头。党的十八大以来，中国政府进一步明确了国家核心利益，倡导和平方式、谈判方式解决争端，妥善处理与有关国家的分歧和摩擦，坚决维护国家主权、安全和发展利益。同时，中国政府不断扩大各方共同利益的汇合点，与国际社会共同应对全球性挑战，积极融入全球治理体系，提出"共商、共建、共享"的全球治理观和"平等、合作、开放、共享"的全球经济治理观，推动建立更加公正合理有效的国际政治经济新秩序，为国际社会贡献中国智慧和中国方案。

一、坚决维护国家核心利益是中国外交神圣使命

国家是一定领土范围内主权和人口的集合体，国家利益是满足一个国家生存和发展的所有必要条件，它是一个主权国家制定和实施国际战略的根本依据和指导思想，也是对内对外政策的目标。中国学者阎学通对"国家利益"给出了一个较为宽泛的定义，认为国家利益是"一切满足民族国家全体人民物质与精神需要的东西。在物质上，国家需要安全与发展；在精神上，国家需要国际社会的尊重与承认"[①]。王逸舟对国家利益的界定是，"一般地讲，国家利益是指民族国家追求的主要好处、权利或受益点，反映这个国家全体国民及各种利益集团的需求与兴趣。"[②] 宋新宁认为："国家利益是指一个国家内有利于绝大多数居民的共同生存与进一步发展的诸因素的综合。"[③] 国内学者从不同角度对"国家利益"给出了自己的解释，本书认为，国家利益就是维护一个国家及其国民生存和发展的所有条件，如领土完整、主权独立、经济健康发展、文化得到保护等。

按照不同的标准，可以将国家利益划分为不同的类型，如按

[①] 阎学通：《中国国家利益分析》，天津人民出版社 1997 年版，第 10—11 页。

[②] 王逸舟：《国家利益再思考》，《中国社会科学》2002 年第 2 期。

[③] 宋新宁：《国际政治经济与中国对外关系》，香港社会科学出版社 1997 年版，第 354 页。

照利益属性，可以将国家利益划分为国家政治利益、国家经济利益、国家文化利益、国家生态利益等；按照利益重要性来划分，可以将国家利益分为国家核心利益、国家重要利益、国家主要利益和国家一般利益，其中核心利益指的是涉及主权国家独立、生存与自主发展的重大利益需求，它在国家的利益结构中居于核心地位；随着经济全球化的不断发展，国家利益又可分为国家自身利益、不同国家的国家共同利益等。新中国成立以来，中国历届政府都将维护国家核心利益作为中国外交的神圣使命。

新中国成立初期，面对纷繁复杂的国际形势，以毛泽东、周恩来为代表的中国政府将坚决维护新生政权安全、巩固国防、捍卫国家主权和领土完整作为中国外交的基本方向，在异常困难的条件下坚决维护国家利益。在国家主权及领土问题上，毛泽东的基本观点是"我国人民不需要也不应当占领外国任何领土主权，但是我国人民必须保卫自己的领土主权不受侵犯"[①]，毛泽东认为，"中国的事情必须由中国人民自己做主，自己来处理，不容许任何帝国主义国家再有一丝一毫的干涉"[②]，"不论大国小国，互相之间都应该是平等的、民主的、友好的和互助互利的关系，而不是不平等的和互相损害的关系"[③]。周恩来也讲："在没有发生战争和

---

① 《中共中央文件选集（一九四九年十月～一九六六年五月）》第28册，人民出版社2013年版，第460页。
② 《毛泽东选集》第四卷，人民出版社1991年版，第1465页。
③ 《毛泽东文集》第六卷，人民出版社1999年版，第378页。

破坏的时候，对内对外都要进行保卫国家利益的工作。"①毛泽东曾
庄严宣布："我们的国防将获得巩固，不允许任何帝国主义者再来
侵略我们的国土"，在一穷二白的情况下，毛泽东讲，"要讲兼顾
国家、集体和个人，把国家利益、集体利益放在第一位，不能把
个人利益放在第一位"②，毛泽东在政治上坚决主张独立自主，他认
为，"要讲政治条件，连半个指头都不行"③，面对印度和越南的主
动挑衅，中国政府果断实施自卫反击作战，坚决维护国家利益，
为中国的长期发展赢得了和平环境。

改革开放以来，我国的国际国内形势发生了巨大变化，中国
政府改变了"以阶级斗争为纲"的指导思想和以"战争与革命"
为时代主题的判断，转而认为"我们可以争取较长时间的和平时
期"，要集中精力"以经济建设为中心"，在这一时期，中国积极
改善与西方国家的外交关系，不以意识形态论亲疏，坚决维护国
家利益。在党的十二大开幕词中，邓小平强调："任何外国不要
指望中国做他们的附庸，不要指望中国会吞下损害我国利益的苦
果。"④1982 年 9 月，在与英国政府商讨香港回归相关事宜时，邓
小平斩钉截铁地说，"关于主权问题，中国在这个问题上没有回旋
余地。坦率地讲，主权问题不是一个可以讨论的问题"。⑤1989 年，

① 《周恩来外交文选》，中央文献出版社 1990 版，第 2 页。
② 《毛泽东文集》第八卷，人民出版社 1999 年版，第 136 页。
③ 《毛泽东文集》第七卷，人民出版社 1999 年版，第 391 页。
④ 《邓小平文选》第三卷，人民出版社 1993 年版，第 3 页。
⑤ 《邓小平文选》第三卷，人民出版社 1993 年版，第 12 页。

邓小平在会见泰国总理差猜时说："中国要维护自己国家的利益、主权和领土完整，中国同样认为，社会主义国家不能侵犯别国的利益、主权和领土。"①1989 年 10 月，邓小平在会见美国前总统尼克松时指出，"考虑国与国之间的关系主要应该从国家自身的战略利益出发"，"我们都是以自己的国家利益为最高准则来谈问题和处理问题的"。②

　　20 世纪 90 年代，面对苏东剧变和改革开放的压力，中国政府在坚决维护国家利益的同时主动为中国的改革开放赢得和平的国际国内环境。江泽民多次指出，我们要从国家利益出发去考虑和处理国家关系，求同存异，长期共存，对于损害我们国家利益的行径，要坚持原则，进行有理、有利、有节的斗争，同时，要策略灵活，缩小打击面，努力做到不伤害别国人民的民族感情，维护睦邻友好。在处理国际事务时，江泽民强调，"对一切国际事务，我们都要从中国人民和世界人民的根本利益出发，根据事情本身的是非曲直，决定自己的立场和政策。在涉及国家利益和国家主权的问题上，我们决不屈服于任何外来压力"③，"我们强调睦邻友好，并不意味着放弃原则、不讲斗争，更不意味着可以牺牲自己的主权和权益"④。同时强调对外开放要主动维护国家利益，

① 《邓小平文选》第三卷，人民出版社 1993 年版，第 328—329 页。
② 《邓小平文选》第三卷，人民出版社 1993 年版，第 330 页。
③ 《江泽民文选》第二卷，人民出版社 2006 年版，第 545 页。
④ 《江泽民文选》第三卷，人民出版社 2006 年版，第 315 页。

"在对外开放的全过程中，我们要始终注意正确处理好对外开放、发展国际经济合作与维护国家利益和安全的关系，十分注意并切实维护国家的利益和安全"①。

进入 21 世纪以来，中国的国家利益发生了新的变化，中国政府在坚决维护国家的主权、安全和领土利益的同时不断明确中国国家核心利益的内涵。胡锦涛指出，主权是国家独立的根本标志，也是国家利益的根本体现和可靠保证。主权和领土完整不容侵犯，各国应该尊重彼此核心利益和重大关切。这些都是硬道理，任何时候都不能丢弃，任何时候都不应动摇。要"大力推进国防和军队现代化建设，坚决捍卫国家主权、安全、领土完整，为维护国家发展利益和社会大局稳定提供强大力量支撑和保证"②。2009 年 7 月，时任国务委员戴秉国在美国华盛顿举行的中美战略与经济对话中强调了"国家核心利益"这一概念，他指出："确保中美关系长期健康稳定地向前发展，很重要一条是相互理解、尊重支持对方，维护自己的核心利益"，"中国的核心利益第一是维护基本制度和国家安全，其次是国家主权和领土完整，第三是经济社会的持续稳定发展。"③2010 年 12 月，戴秉国发表了《坚持走和平发展道路》一文，文中对我国"核心利益"的概念做了系统阐释，他

---

① 《江泽民文选》第三卷，人民出版社 2006 年版，第 456 页。

② 《胡锦涛强调要坚决捍卫国家主权、安全、领土完整》，2009 年 3 月 11 日，见 http://www.chinanews.com/gn/news/2009/03-11/1598057.shtml。

③ 《首轮中美经济对话：除上月球外主要问题均已谈及》，2009 年 7 月 29 日，见 http://www.chinanews.com/gn/news/2009/07-29/1794984.shtml。

指出，"中国的核心利益一是中国的国体、政体和政治稳定，即共产党的领导、社会主义制度、中国特色社会主义道路；二是中国的主权安全、领土完整、国家统一；三是中国经济社会可持续发展的基本保障。这些利益是不容侵犯和破坏的。"并进一步指出，台湾问题事关中国的统一和领土完整，事关中国的核心利益，涉及 13 亿中国人民和全体中华儿女的民族感情。[①]2011 年 9 月，中国国务院新闻办发布《中国的和平发展》白皮书，白皮书中阐明，"中国坚决维护国家核心利益。中国的核心利益包括：国家主权，国家安全，领土完整，国家统一，中国宪法确立的国家政治制度和社会大局稳定，经济社会可持续发展的基本保障"。[②] 这是中国首次明确提出"国家核心利益"概念的官方文件，白皮书还明确了维护国家核心利益的手段和方式，即用政治、经济、外交等手段，通过对话来解决矛盾和冲突，不能绝对地使用武力，军事手段只能作为最终和非常规手段使用。中国对国家核心利益的确定经历了一个从无到有、从模糊到明确的过程，它向世界昭示了中国的核心利益所在，表明了中国维护国家核心利益的决心和手段，同时也告诫世界各国要尊重中国的国家核心利益。

　　党的十八大以来，面对钓鱼岛争端、南海争端、朝核问题、

---

①　戴秉国：《坚持走和平发展道路》，2010 年 12 月 7 日，见 http://www.chinanews.com/gn/2010/12-07/2704985.shtml。

②　《〈中国的和平发展〉白皮书》，2011 年 9 月 6 日，见 http://www.gov.cn/jrzg/2011-09/06/content_1941204.htm。

韩国部署"萨德"系统、美国"重返亚太"等一系列复杂局面，以习近平同志为核心的党中央敢于表明立场，强化红线意识、坚守底线思维，坚决维护国家核心利益。2014年3月，习近平在出席解放军代表团全体会议时强调："我们希望和平，但任何时候任何情况下，都决不放弃维护国家正当权益、决不牺牲国家核心利益。"[1]2014年11月的中央外事工作会议上，习近平讲，"坚持把国家和民族发展放在自己力量的基点上，坚定不移走自己的路，走和平发展道路，同时决不能放弃我们的正当权益，决不能牺牲国家核心利益"。[2]

二、坚决维护国家主权、安全、发展利益

维护国家主权、安全和发展利益是中国政府的责任，党的十八大报告指出，我们坚决维护国家主权、安全、发展利益，决不会屈服于任何外来压力。党的十八大以来，我们通过不同外交场合阐明自己维护国家领土、主权和发展利益的态度和决心，坚决同危害国家领土、主权和安全的行为作斗争。习近平多次强调，我们要坚持

---

[1] 习近平：《决不放弃维护国家正当权益决不牺牲国家核心利益》，2014年3月11日，见 http://news.xinhuanet.com/politics/2014-03/11/c_119721043.htm。

[2] 习近平：《加强中国海外利益保护力度》，2014年12月1日，见 http://theory.gmw.cn/2014-12/01/content_14021588.htm。

走和平发展道路，但决不能放弃我们的正当权益，决不能牺牲国家核心利益。任何外国不要指望我们会拿自己的核心利益做交易，不要指望我们会吞下损害我国主权、安全、发展利益的苦果，要牢牢把握坚持和平发展、促进民族复兴这条主线，维护国家主权、安全、发展利益。2016 年 7 月，在庆祝中国共产党成立 95 周年大会上，习近平进一步强调："中国不觊觎他国权益，不嫉妒他国发展，但决不放弃我们的正当权益。中国人民不信邪也不怕邪，不惹事也不怕事，任何外国不要指望我们会拿自己的核心利益做交易，不要指望我们会吞下损害我国主权、安全、发展利益的苦果。"[1]

主权是国家独立的根本标志，也是国家利益的根本体现和可靠保证，主权和领土完整是民族国家生存的基本要素，党的十八大以来，我们坚决回应日本及南海周边国家对钓鱼岛和南海诸岛的主权侵扰，拓展主权概念外延，坚决捍卫国家主权。习近平就任中央军委主席后的第一部中国国防白皮书明确指出，"个别邻国在涉及中国领土主权和海洋权益上采取使问题复杂化、扩大化的举动，日本在钓鱼岛问题上制造事端"，强调"坚持'人不犯我，我不犯人，人若犯我，我必犯人'，坚持采取一切必要措施维护国家主权和领土完整"。[2] 在反思近年来国际热点问题的基础上，中

---

① 习近平：《不要指望我们会吞下损害我国主权、安全、发展利益的苦果》，2016 年 7 月 1 日，见 http://www.cnr.cn/zgzb/jd95zn/zy/20160701/t20160701_522551506.shtml。

② 习近平：《更好统筹国内国际两个大局，夯实走和平发展道路的基础》，《人民日报》2013 年 1 月 30 日。

国还主动丰富了"主权"的概念，认为主权不仅包括内政外交等传统内容，还应包括各国的社会制度和道路选择，2015 年 9 月，习近平在第 70 届联合国大会一般性辩论时的讲话中指出，"主权原则不仅体现在各国主权和领土完整不容侵犯、内政不容干涉，还应该体现在各国自主选择社会制度和发展道路的权利应当得到维护，体现在各国推动经济社会发展、改善人民生活的实践应当受到尊重"。① 李克强也在多个场合表示，中国将坚定不移地走和平发展道路，坚决维护国家主权和领土完整，并指出，维护国家主权和领土完整之间并不矛盾。

国家安全是国家的基本利益，是一个国家处于没有外部威胁和内部混乱的客观状态。党的十八大以来，中国政府积极倡导综合安全、合作安全、共同安全，提出了"周边国家安全观""总体国家安全观""亚洲安全观"，设置了国家安全委员会，施行了新的《中华人民共和国国家安全法》，坚决维护国家安全利益。2013 年 3 月，习近平在莫斯科国际关系学院的演讲中指出："我们主张，各国和各国人民应该共同享受安全保障……面对错综复杂的国际安全威胁，单打独斗不行，迷信武力更不行，合作安全、集体安全、共同安全才是解决问题的正确选择。"② 同年 10 月，习近平在

---

① 《习近平在第七十届联合国大会一般性辩论时的讲话》，2015 年 9 月 29 日，见 http://www.fmprc.gov.cn/web/ziliao_674904/zyjh_674906/t1301658.shtml。

② 《习近平在莫斯科国际关系学院的演讲》，2013 年 3 月 23 日，见 http://www.fmprc.gov.cn/web/ziliao_674904/zyjh_674906/t1024371.shtml。

周边外交工作座谈会上的讲话中指出，"我国同周边国家毗邻而居，开展安全合作是共同需要。要坚持互信、互利、平等、协作的新安全观，倡导全面安全、共同安全、合作安全理念，推进同周边国家的安全合作，主动参与区域和次区域安全合作，深化有关合作机制，增进战略互信"①，明确了中国的"周边国家安全观"。2014年1月，中共中央政治局召开会议，决定设立国家安全委员会，4月15日，在国家安全委员会第一次会议上，习近平指出，当前我国国家安全内涵和外延比历史上任何时候都要丰富，时空领域比历史上任何时候都要宽广，内外因素比历史上任何时候都要复杂，必须坚持总体国家安全观，以人民安全为宗旨，以政治安全为根本，以经济安全为基础，以军事、文化、社会安全为保障，以促进国际安全为依托，走出一条中国特色国家安全道路。习近平进而首次系统提出了包括"11种安全"的"总体国家安全观"，这"11种安全"包括"政治安全、国土安全、军事安全、经济安全、文化安全、社会安全、科技安全、信息安全、生态安全、资源安全、核安全等于一体的国家安全体系"②。2014年5月，习近平在亚信峰会的主旨发言中又提出了"亚洲安全观"，他指出："我们应该积极倡导共同安全、综合安全、合作安全、可持续安全

① 《习近平在周边外交工作座谈会上发表重要讲话》，2013年10月25日，见 http://politics.people.com.cn/n/2013/1025/c1024-23332318.html。

② 习近平：《坚持总体国家安全观走中国特色国家安全道路》，2014年4月15日，见 http://news.xinhuanet.com/2014-04/15/c_1110253910.htm。

的亚洲安全观，创新安全理念，搭建地区安全合作新架构，努力走出一条共建、共享、共赢的亚洲安全之路。"①2015 年 11 月，习近平在新加坡国立大学发表演讲时指出："亚洲各国人民要践行亚洲安全观，协调推进地区安全治理，共同担当和应对传统和非传统安全问题，坚持以和平方式通过友好协商解决矛盾分歧，坚持发展和安全并重，共谋互尊互信、聚同化异、开放包容、合作共赢的邻国相处之道。"②"周边国家安全观""总体国家安全观""亚洲安全观"等概念丰富了国家安全的内涵，为维护国家利益提供了依据。

发展利益是国家利益的重要组成部分，《中国和平发展》白皮书指出，中国要是实现科学发展、自主发展、开放发展、和平发展、合作发展、共同发展，党的十八大以来，中国政府不断丰富和扩展"发展利益"的内涵和外延，针对国家海洋权益和海外利益的扩大，坚决维护海洋权益国家和海外利益。2013 年 7 月，习近平在中共中央政治局第八次集体学习时强调："海洋在国家经济发展格局和对外开放中的作用更加重要，在维护国家主权、安全、发展利益中的地位更加突出……要统筹维稳和维权两个大局，坚持维护国家主权、安全、发展利益相统

---

① 《习近平在亚信峰会作主旨发言》，2014 年 5 月 21 日，见 http://world.people.com.cn/n/2014/0521/c1002-25046183.html。

② 习近平：《中国完全有能力有信心同东盟国家一道维护好南海地区的和平稳定》，2015 年 11 月 7 日，见 http://news.xinhuanet.com/world/2015-11/07/c_1117070489.htm。

一，维护海洋权益和提升综合国力相匹配……要做好应对各种复杂局面的准备，提高海洋维权能力，坚决维护我国海洋权益。"①2014 年 4 月 15 日，在国家安全委员会第一次会议上，习近平指出，"既重视发展问题，又重视安全问题，发展是安全的基础，安全是发展的条件，富国才能强兵，强兵才能卫国";② 针对近年来中国海外利益的增加，中国政府采取撤侨、谈判、斡旋等多种方式坚决维护中国海外利益，2014 年中央外事工作会议上，习近平强调，"要高举和平、发展、合作、共赢的旗帜，统筹国内国际两个大局，统筹发展安全两件大事，牢牢把握坚持和平发展、促进民族复兴这条主线，维护国家主权、安全、发展利益，为和平发展营造更加有利的国际环境……要切实维护我国海外利益，不断提高保障能力和水平，加强保护力度"。③海洋利益和海外利益是中国"发展利益"的重要组成部分，中国维护海洋利益和海外利益的坚定立场为我国进一步走向海洋和参与全球化提供了保障。

---

① 习近平:《进一步关心海洋认识海洋经略海洋　推动海洋强国建设不断取得新成就》，《人民日报》2013 年 8 月 1 日。

② 习近平:《坚持总体国家安全观　走中国特色国家安全道路》，2014 年 4 月 15 日，见 http://news.xinhuanet.com/2014-04/15/c_1110253910.htm。

③ 习近平:《加强中国海外利益保护力度》，2014 年 12 月 1 日，见 http://theory.gmw.cn/2014-12/01/content_14021588.htm。

三、通过合作扩大各方共同利益的汇合点

随着经济和科技的发展，世界各国越来越多地联系在一起，世界各国不再是你输我赢、你少我多的零和博弈，而是结成一种一损俱损、一荣俱荣的关系，世界各国的利益也因为彼此间的关系错综复杂地交织在一起，这就要求世界各国在追求本国利益的同时，树立是世界眼光，维护与发展彼此之间的共同利益，只有维护与发展共同利益，不断扩大各方共同利益的汇合点，才能促进各国共同发展。

党的十八大报告写道，"在追求本国利益时兼顾他国合理关切，在谋求本国发展中促进各国共同发展，建立更加平等均衡的新型全球发展伙伴关系，同舟共济，权责共担，增进人类共同利益"。习近平在中央政治局集体学习、金砖国家领导人会谈等多个场合强调，我们要坚持从我国实际出发，坚定不移走自己的路，同时我们要树立世界眼光，更好把国内发展与对外开放统一起来，把中国的发展与世界的发展联系起来，把中国人民的利益同各国人民的共同利益结合起来，不断扩大同各国的互利合作。他还指出，我们应该坚持共赢精神，在追求本国利益的同时兼顾别国利益，做到惠本国、利天下，推动走出一条大国合作共赢、良性互动的路子。习近平在莫斯科国际关系学院的演讲中指出，"每个国家在谋求自身发展的同时，要积极促进其他各国共同发展。世界

长期发展不可能建立在一批国家越来越富裕而另一批国家却长期贫穷落后的基础之上。只有各国共同发展了，世界才能更好发展。那种以邻为壑、转嫁危机、损人利己的做法既不道德，也难以持久"。① 中国长期以来坚持互利共赢的对外开放战略，在追求自身利益的同时兼顾他国利益，通过投资、援助等方式深化与发展中国家、新兴经济体的友好合作，中国在与他国进行合作的同时不设政治条件，不搞赢者通吃，不断凝聚和扩大共同利益，致力于实现双赢、多赢、共赢。

　　长期以来，我们不回避矛盾和问题，妥善处理同有关国家的分歧和摩擦，把注意力集中在利益汇合点上，不断致力于扩大共同利益，这样的结果是，双方的共同利益不断发展和扩大，国与国之间关系的基础也就更加牢固了，这就为我们妥善处理各种分歧创造了条件。我们坚持把中国人民利益同世界各国人民共同利益结合起来，努力扩大共同利益的汇合点，形成你中有我、我中有你的"利益共同体""命运共同体"。习近平在博鳌亚洲论坛 2013 年年会上的主旨演讲中指出，"世界各国联系紧密、利益交融，要互通有无、优势互补，在追求本国利益时兼顾他国合理关切，在谋求自身发展中促进各国共同发展，不断扩大共同利益汇合点"。② 党的十八大以

---

①　《习近平在莫斯科国际关系学院的演讲》，2013 年 3 月 23 日，见 http://www.fmprc.gov.cn/web/ziliao_674904/zyjh_674906/t1024371.shtml。

②　《习近平主席在博鳌亚洲论坛 2013 年年会上的主旨演讲》，2013 年 4 月 7 日，见 http://www.fmprc.gov.cn/web/ziliao_674904/zyjh_674906/t1028894.shtml。

来，中国政府在主动扩大共同利益汇合点的基础上提出了"人类命运共同体"的概念，为世界各国关系的发展指明了方向，习近平强调，世界各国联系紧密、利益交融，要互通有无、优势互补，在追求本国利益时兼顾他国合理关切，在谋求自身发展中促进各国共同发展，不断扩大共同利益汇合点。2014年7月，习近平在巴西国会的演讲中讲道，"我们应该倡导人类命运共同体意识，在追求本国利益时兼顾他国合理关切，在谋求本国发展中促进各国共同发展，建立更加平等均衡的新型全球发展伙伴关系"。[1]2015年9月，在联合国成立70周年系列峰会上，习近平全面阐述了打造人类命运共同体的思想："建立平等相待、互商互谅的伙伴关系，营造公道正义、共建共享的安全格局，谋求开放创新、包容互惠的发展前景，促进和而不同、兼收并蓄的文明交流，构筑尊崇自然、绿色发展的生态体系"，[2]形成了"五位一体"的基本脉络，描绘了国际关系发展的美好前景，成为中国特色大国外交理论创新的重大成果。随着改革开放进程的不断加深，中国已经越来越多地融入到国际社会中，中国只有在坚决维护自身主权、安全和发展利益的同时，不断扩大与世界各国的共同利益，扩大共同利益的汇合点，才能实现自身的不断发展。

---

[1] 《习近平在巴西国会的演讲》，2014年7月17日，见 http://news.xinhuanet.com/world/2014-07/17/c_1111665403.htm。

[2] 《习近平访美并出席联合国成立70周年系列峰会成果》，2015年9月29日，见 http://news.xinhuanet.com/video/sjxw/2015-09/29/c_1116716512.htm。

四、积极与国际社会共同应对全球挑战

当前，国际社会处于大发展大变革大调整之中，"正经历冷战结束以来甚至是百年未遇之大变局，各种乱象纷呈"，各国既面临着科技进步、区域合作等机遇，也面对恐怖主义、气候变化等全球性挑战。面对全球性挑战，国际社会只有通力合作、共迎挑战，才能解决关乎世界发展和人类进步的重大问题。

随着经济全球化的深入发展，世界各国利益和命运更加紧密地联系在一起，人们不仅亲身感受到了经济全球化给世界各国带来的机遇，也深刻体会到了当前全球面临着的重大挑战，这些挑战既有来自传统安全的挑战，又有来自非传统安全的挑战，既有来自政治、经济、文化等方面的挑战，又有来自移民、难民、毒品等方面的挑战，习近平指出，当前世界格局正在经历深刻演变，经济全球化、社会信息化极大解放和发展了社会生产力。我们面临前所未有的发展机遇。同时，霸权主义、恐怖主义、金融动荡、环境危机等问题愈加突出，给我们带来前所未有的挑战。2015 年博鳌亚洲论坛年会上，习近平指出："当前，国际形势继续发生深刻复杂变化，世界多极化、经济全球化深入发展，文化多样化、社会信息化持续推进，国际格局和国际秩序加速调整演变……世界经济仍处于深度调整期，低增长、低通胀、低需求同高失业、高债务、高泡沫等风险交织，主要经济体走势和政策取

向继续分化，经济环境的不确定性依然突出；地缘政治因素更加
突出，局部动荡此起彼伏；恐怖主义、网络安全、能源安全、粮
食安全、气候变化、重大传染性疾病等非传统安全和全球性挑
战不断增多，南北发展差距依然很大。"①2016 年 9 月，习近平在
二十国集团工商峰会开幕式上的主旨演讲中更是进一步指出了当
前世界经济增长中存在的诸多挑战。综合起来看，当前这些全球
性挑战表现出复杂性、脆弱性、耦合性和不确定等特点，很多问
题不再局限于一国内部，很多挑战也不再是一国之力所能应对，
要解决人类面临的全球性挑战，就需要世界各国加强合作，共同
应对全球挑战。

面对人类面临的全球性挑战，我们既要找出挑战的根源，知
晓挑战给人类带来的危害，又要积极应对挑战，化挑战为机遇，
这其中最关键的是世界各国要团结起来，共同应对全球性挑战。
党的十八大报告中指出，中国将坚持把中国人民利益同各国人民
共同利益结合起来，以更加积极的姿态参与国际事务，发挥负责
任大国作用，共同应对全球性挑战。习近平在莫斯科国际关系学
院的演讲中指出，"各国要同心协力，妥善应对各种问题和挑战。
越是面临全球性挑战，越要合作应对，共同变压力为动力、化危
机为生机。面对错综复杂的国际安全威胁，单打独斗不行，迷信
武力更不行，合作安全、集体安全、共同安全才是解决问题的正

①　《习近平在博鳌亚洲论坛 2015 年年会上的主旨演讲》，2015 年 3 月 29 日，见 http://
www.fmprc.gov.cn/web/ziliao_674904/zyjh_674906/t1249640.shtml。

确选择"。① 中国外交部长王毅也指出,"单打独斗维护不了自身安全,以邻为壑、结盟对抗更没有出路,同舟共济、共享机遇、共迎挑战是各国处理相互关系的唯一正确选择……倡导以对话取代对立、以合作取代对抗,主张各国通过不断扩大互利合作,有效应对日益增多的全球性挑战"。②

在共同应对全球性挑战的过程中,不仅要提高应对全球性挑战的能力,还要讲求科学方法,综合运用各种手段有效应对全球性挑战,避免人道主义危机和造成全球发展不平等和不平衡的现象。各国应该在良性竞争中取长补短,不断寻找合作机会,扩大合作领域,通过同各国不断扩大互利合作,有效应对日益增多的全球性挑战,协力解决关乎世界经济发展和人类生存进步的重大问题。习近平多次指出,要推动建设国际经济金融领域、新兴领域、周边区域合作等方面的新机制新规则,推动建设和完善区域合作机制,加强周边区域合作,加强国际社会应对资源能源安全、粮食安全、网络信息安全、应对气候变化、打击恐怖主义、防范重大传染性疾病等全球性挑战的能力。在应对当前世界经济的风险和挑战时,习近平指出,"需要标本兼治,综合施策,运用好财政、货币、结构性改革等多种有效政策工具,既要做好短期风险防范和应对,也要挖掘中长期增长潜力;既要保持总需求力度,

---

① 《习近平在莫斯科国际关系学院的演讲》,2013 年 3 月 23 日,见 http://www.fmprc.gov.cn/web/ziliao_674904/zyjh_674906/t1024371.shtml。

② 王毅:《构建以合作共赢为核心的新型国际关系》,《学习时报》2016 年 6 月 20 日。

也要改善供给质量"。^① 在避免人道主义危机和造成全球发展不平等问题上,李克强也强调,"当务之急是要确保难民有基本生活保障,避免发生人道主义危机;根本之策是要消弭战端、恢复发展,使难民来源国走上长治久安与发展繁荣之路"。^②

国际金融危机和欧洲主权债务危机发生后,中国与国际社会一道,同舟共济、共克时艰,为世界经济稳定、复苏作出重要贡献。中国与国际社会共同努力,积极应对恐怖主义、大规模杀伤性武器扩散、气候变化、粮食和能源安全、重大自然灾害等全球性挑战。在重大国际和地区热点问题上,中国坚持劝和促谈,发挥了建设性作用。中国积极参与维和行动,累计向联合国 30 项维和行动派出各类人员约 2.1 万人次,是派出维和人员最多的联合国安理会常任理事国。西非埃博拉疫情暴发后,中国先后向 13 个非洲国家及有关国际机构提供了 4 轮总价值 7.5 亿元人民币的紧急人道主义援助,派遣 1200 人次医护人员和公共卫生专家;作为发展中国家,中国为应对气候变化作出最大努力,不仅在过去 10 年大幅降低单位国内生产总值能耗和二氧化碳排放,向《联合国气候变化框架公约》秘书处提交国家应对气候变化自主贡献文件,还宣布设立 200 亿元人民币的"中国气候变化南南合作基金",支

---

① 《习近平在二十国集团领导人杭州峰会上的闭幕辞》,2017 年 9 月 4 日,见 http://www.fmprc.gov.cn/web/ziliao_674904/zyjh_674906/t1394851.shtml。

② 《李克强在第 71 届联合国大会一般性辩论时的讲话》,2016 年 9 月 22 日,见 http://www.fmprc.gov.cn/web/ziliao_674904/zyjh_674906/t1399658.shtml。

持其他发展中国家。截至 2015 年，中国共向 166 个国家和国际组织提供了近 4000 亿元人民币援助，向 69 个国家提供医疗援助，派遣 60 多万援助人员，为 120 多个发展中国家落实千年发展目标提供帮助。中国正在推动"一带一路"建设，亚洲基础设施投资银行已投入运营。实践证明，中国已成为国际体系的积极参与者、建设者、贡献者，中国持续快速发展得益于世界和平与发展，同时中国发展也为世界各国提供了共同发展的宝贵机遇和广阔空间。

五、主动推动全球治理体系公正合理变革

面对全球性挑战，中国积极融入全球治理体系，提出了"共商、共建、共享"的全球治理观和"平等、合作、开放、共享"的全球经济治理观，推动建立更加公正合理有效的国际政治经济新秩序，为国际社会贡献中国智慧和中国方案。

"全球治理"的观念可追溯到 1972 年罗马俱乐部的《增长的极限》报告，之后逐步进入国内学术界研究视野，20 世纪 90 年代初，"全球治理"形成了初步理论和实践框架。2012 年党的十八大报告中提到："中国坚持权利和义务相平衡，积极参与全球经济治理，推动贸易和投资自由化便利化，反对各种形式的保护主义。"之后，习近平在金砖国家领导人会晤、博鳌论坛等重大多边外交场合，多次申明中国参与推进全球治理的信心与决心。在 2013 年

3 月金砖国家领导人第五次会晤上，习近平讲，不管全球治理体系如何变革，我们都要积极参与，发挥建设性作用，推动国际秩序朝着更加公正合理的方向发展，为世界和平稳定提供制度保障。在博鳌亚洲论坛 2013 年年会上，习近平讲，要稳步推进国际经济金融体系改革，完善全球治理机制，为世界经济健康稳定增长提供保障。2014 年 3 月，习近平在德国科尔伯基金会的演讲中指出："我们将从世界和平与发展的大义出发，贡献处理当代国际关系的中国智慧，贡献完善全球治理的中国方案，为人类社会应对 21 世纪的各种挑战作出自己的贡献。"[①] 由此可见，全球治理已经成为中国外交的新思维，未来中国将会以更加积极的姿态参与全球治理。

随着经济全球化的推进和人类面临的全球性挑战的不断增多，推进全球治理已是不可阻挡的潮流，具有深远的历史意义。习近平强调，"随着全球性挑战增多，加强全球治理、推进全球治理体制变革已是大势所趋。这不仅事关应对各种全球性挑战，而且事关给国际秩序和国际体系定规则、定方向；不仅事关对发展制高点的争夺，而且事关各国在国际秩序和国际体系长远制度性安排中的地位和作用"。[②] 中国参与全球治理的目的有两方面：一方面，从国内来讲，就是要推动国内经济转型，抓住国际发展的机遇，

---

① 《习近平在德国科尔伯基金会的演讲》，2014 年 3 月 29 日，见 http://www.gov.cn/xin-wen/2014-03/29/content_2649512.htm。

② 《中国首次明确提出全球治理理念》，2015 年 10 月 14 日，见 http://news.xinhuanet.com/2015-10/14/c_1116824064.htm。

促进国家经济发展，习近平指出，"我们参与全球治理的根本目的，就是服从服务于实现'两个一百年'奋斗目标、实现中华民族伟大复兴的中国梦。要审时度势，努力抓住机遇，妥善应对挑战"[①]；另一方面，从国际上来讲，就是要变革旧有的国际政治经济体系，推动国际政治经济体系向着更加公正合理的方向发展，增强国际话语权，习近平多次强调，现在世界上的事情越来越需要各国共同商量着办，建立国际机制、遵守国际规则、追求国际正义成为多数国家的共识，推动全球治理体系朝着更加公正合理有效的方向发展，符合世界各国的普遍需求，要推动变革全球治理体制中不公正不合理的安排，推动国际货币基金组织、世界银行等国际经济金融组织切实反映国际格局的变化，特别是要增加新兴市场国家和发展中国家的代表性和发言权，推动各国在国际经济合作中权利平等、机会平等、规则平等，推进全球治理规则民主化、法治化，努力使全球治理体制更加平衡地反映大多数国家意愿和利益。在参与全球治理的过程中要统筹国内与国际两个方面，使二者相互促进、相得益彰。

当然，中国所倡导的国际政治经济体系的变革不是要"推倒重来"，不是全盘否定已有的国际组织、国际制度、国际规则，而是要在原有体系的基础上创新完善，使其更加公正合理，更加关注发展中国家和新兴经济体的利益。习近平多次指出，中国倡导

[①] 中共中央宣传部编：《习近平总书记系列重要讲话读本（2016年版）》，学习出版社、人民出版社2016年版，第274页。

的新机制新倡议，不是为了另起炉灶，更不是为了针对谁，而是对现有国际机制的有益补充和完善，目标是实现合作共赢、共同发展，他认为，"推进全球治理体制变革并不是推倒重来，也不是另起炉灶，而是创新完善。'穷则变，变则通。'无论是一个国家，还是世界，都需要与时俱进，这样才能保持活力。推动全球治理体系朝着更加公正合理有效的方向发展，符合世界各国的普遍需求"。[1] 他还强调，在推进全球治理的过程中，要坚持国际关系民主化，坚持和平共处五项原则，坚持国家不分大小、强弱、贫富都是国际社会平等成员，坚持世界的命运必须由各国人民共同掌握，维护国际公平正义，特别是要为广大发展中国家说话。

全球治理的核心要义是"共商共建共享"，即不能由一个国家说了算。习近平强调，世界的命运必须由各国人民共同掌握，各国主权范围内的事情只能由本国政府和人民去管，世界上的事情只能由各国政府和人民共同商量来办。这是处理国际事务的民主原则，国际社会应该共同遵守，全球治理体系是由全球共建共享的，不可能由哪一个国家独自掌握。"什么样的国际秩序和全球治理体系对世界好、对世界各国人民好，要由各国人民商量，不能由一家说了算，不能由少数人说了算。"

2015 年 10 月 12 日，中共中央政治局集体学习时，习近平提出，"要推动全球治理理念创新发展，积极发掘中华文化中积极的

---

① 《习近平接受〈华尔街日报〉采访》，2015 年 9 月 22 日，见 http://www.fmprc.gov.cn/web/ziliao_674904/zyjh_674906/t1298942.shtml。

处世之道和治理理念同当今时代的共鸣点，继续丰富打造人类命运共同体等主张，弘扬共商共建共享的全球治理理念”，这是中国首次在公开场合明确提出“共商共建共享”的全球治理理念。[①]“共商、共建、共享”是中国推进全球治理的核心要义：共商，就是由全球所有参与治理的国家或国际行为体共同商议全球治理的规则、机制、领域、议题等；共建，就是各参与方充分发挥各自优势和潜能，共同推进全球问题的治理；共享，就是让全球治理体制和格局的成果更多更公平地惠及全球各个参与方。“共商、共建、共享”构成了加强全球治理、推进全球治理体系与治理能力现代化的系统链条，三者之间相互促进、缺一不可。

全球经济治理是全球治理的重要内容，全球经济治理涉及全球金融、市场、资源、贸易等多个方面，中国是全球经济治理的重要参与者，在全球经济治理中，中国主动贡献中国智慧、提出中国方案。2016年1月，中国倡导建立的亚洲基础设施投资银行成立，其对于推动全球经济治理体系朝着更加公正合理有效的方向发展具有重要的意义。习近平在亚投行开业仪式上说：“中国将按照创新、协调、绿色、开放、共享的发展理念，着力推动创新驱动发展，增强经济发展新动力；着力推动供给侧结构性改革，适应和引领经济发展新常态；着力扩大对外开放，更加注重推进高水平双向开放。”中国主动将自己的发展理念融入到全球经济治

---

① 《中国首次明确提出全球治理理念》，2015年10月14日，见 http://news.xinhuanet.
com/2015-10/14/c_1116824064.htm。

理体系中。面对制约世界经济增长的根源性问题，中国开出了标本兼治、综合施策的"中国药方"，2016 年 9 月 3 日，习近平在 G20 杭州峰会开幕式的主旨演讲中指出：全球经济治理应该以平等为基础，更好反映世界经济格局新现实，增加新兴市场国家和发展中国家代表性和发言权，确保各国在国际经济合作中权利平等、机会平等、规则平等；全球经济治理应该以开放为导向，坚持理念、政策、机制开放，适应形势变化，广纳良言，充分听取社会各界建议和诉求，鼓励各方积极参与和融入，不搞排他性安排，防止治理机制封闭化和规则碎片化；全球经济治理应该以合作为动力，全球性挑战需要全球性应对，合作是必然选择，各国要加强沟通和协调，照顾彼此利益关切，共商规则，共建机制，共迎挑战；全球经济治理应该以共享为目标，提倡所有人参与，所有人受益，不搞一家独大或者赢者通吃，而是寻求利益共享，实现共赢目标。① 平等、开放、合作、共享的全球经济治理观既反映了中国作为负责任大国在当前世界经济复苏过程中的勇气与担当，也反映出中国对未来世界经济秩序的一种憧憬与期待。

---

① 《习近平的全球经济治理观》，2017 年 1 月 17 日，见 http://politics.people.com.cn/ n1/2017/ 0117/c1001-29029711.html。

结　语

　　党的十八大以来，以习近平同志为核心的党中央团结带领全国各族人民，高举和平、发展、合作、共赢的旗帜，牢牢把握和平发展这条主线，紧紧围绕实现"两个一百年"奋斗目标和中华民族伟大复兴的中国梦，维护国家主权、安全、发展利益，统筹国内国际两个大局，在保持外交大政方针连续性和稳定性的基础上，努力进取、开拓创新，科学回答了中国作为国际社会重要一员推动建设什么样的世界、构建什么样的国际关系，以及新形势下中国需要什么样的外交、怎样办外交等重大问题，形成了一套具有中国特色的大国外交新思想、新理念、新倡议，是新时期我国外交事业最宝贵的精神财富。

　　中国特色大国外交新理念主要包括：提出中国梦并赋予其深刻的世界意义，指出中国梦是追求和平的梦、追求幸福的梦、奉献世界的梦，中国梦同世界各国人民的美好梦想息息相通；丰富和发展了我国和平发展的战略思想，指出走和平发展道路是中国的战略选择，中国将始终做世界和平的建设者、全球发展的贡献者、国际秩序的维护者，同时指出，中国坚持走和平发展道路决不牺牲国家核心利益，坚决维护国家主权、安全和发展利益；推动建立以合作共赢为核心的新型国际关系，坚持互利共赢的开放战略，把合作共赢理念体现到政治、经济、安全、文化等对外合作的方方面面；倡导打造人类命运共同体，建立"平等相待、互商互谅"的伙伴关系、"公道正义、共建共享"的安全格局、"开放创新、包容互惠"的发展前景、"和而不同、兼收并蓄"的文明交流、"尊崇自然、绿色发展"的生态体系，形成人类命运共同体"五位一体"的总路径和总布局；构建全球伙伴关系网络，提出"亲、诚、惠、容"的周边外交理念、"真、实、亲、诚"的对非工作方针；弘扬正确义利观，主张政治上秉持公道正义、坚持平等相待，经济上坚持互利共赢、共同发展，做到义利兼顾，讲信义、重情义、扬正义、树道义；提出公平、开放、全面、创新的发展观，共同、综合、合作、可持续的安全观，共商共建共享的全球治理观，以及以平等为基础、以开放为导向、以合作为动力、以共享为目标的全球经济治理观等。

中国特色大国外交新理念是一套科学、系统、完备的理论体系：其目标是建设人类命运共同体；战略选择是坚定不移走和平发展道路；基本原则是构建以良性互动、合作共赢为核心的新型国际关系；主要路径是建立形式多样的伙伴关系，倡导结伴而不结盟，对话而不对抗；价值取向是坚持正确义利观，在国际事务中主持公道，弘扬正义，在国家关系中义利兼顾，以义为先；落脚点是维护中国国家利益、推进全球治理体系变革、建立更加公正合理的国际政治经济新秩序。中国特色大国外交新理念使中国外交站在时代发展和人类进步的道义制高点上，为新时期中国外交指明了前进方向。

中国特色大国外交新理念体现了中国气派。在国际热点问题上，中国坚持不干涉别国内政，反对强加于人；坚持客观公道，反对谋取私利；坚持政治解决，反对使用武力，在上述原则下努力发挥劝和促谈的建设性作用，习近平多次强调，单打独斗不行，迷信武力更不行，对话谈判才是代价最小、后遗症最少、最为持久的争端解决之道。在国际事务中，中国主张遵循联合国宪章宗旨和原则以及国际关系基本准则，坚持国际关系民主化，坚持和平共处五项原则，坚持国家不分大小、强弱、贫富都是国际社会平等成员，反对以强凌弱，坚持世界的命运必须由各国人民共同掌握，维护国际公平正义，特别是提升广大发展中国家的话语权。中国将维护和促进人类共同利益作为看待和处理国际关系的重要出发点，强调"计利当计天下利"，主张各国在求同存异的基础上相互尊重、平等相待，不断凝聚和扩大各方共同利益的汇合点，实现不同社会制度、不同发展道路、不同文化传统国家和平共处、和谐共生，致力于实现双赢、多赢、共赢。党的十八大以来，中国坚持在不结盟原则的前提下广交朋友，形成遍布全球的伙伴关系网络，体现了国际事务中的中国作风和中国气派。

中国特色大国外交新理念展现了中国担当。党的十八大以来，中国政府坚持外交为内政服务的原则，坚持把维护国家主权、安全放在第一位，坚定维护国家发展权益，在涉及国家核心利益的问题上敢于划出底线、捍卫底线，习近平多次强调，任何外国不要指望我们会拿自己的核心利益做交易，不要指望我们会吞下损害我国主权、安全、发展利益的苦果。在国际事务中，中国积极推进"一带一路"建设、设立丝路基金、筹建亚投行，通过务实合作促进合作共赢，积极参与应对全球性问题的国际合作，继续在气候变化、粮食安全、减贫合作等方面发挥引领作用，坚定维护国际核不扩散体系，积极参与国际反恐合作，推动构建和平、安全、开放、合作的国际网络空间。在世界和地区事务中主持公道，伸张正义，践行平等，更加积极有为地参与热点问题的解决，通过维护和平来发展自己，同时又以自身发展促进世界和平，中国负责任的大国态度展现了中国政府的责任和担当。

中国特色大国外交新理念贡献了中国智慧。党的十八大以来，中国政府在国际舞台上积极发出中国声音，提出中国倡议，积极将中国传统文化融入国际事务中，习近平多次强调，"国不以利为利，以义为利也""不义而富且贵，于我如浮云""凡交，近则必相靡以信，远则必忠之以言""己欲立而立人，己欲达而达人""友也者，友其德也""和平发展思想是中华文化的内在基因，讲信修睦、协和万邦是中国周边外交的基本内涵"。同时，中国又积极将国内发展理念上升为国际发展理念，积极为世界性问题的解决贡献中国药方、中国智慧、中国方案。习近平多次强调，全球治理体系是由全球共建共享的，不可能由哪一个国家独自掌握，中国积极将"创新、协调、绿色、开放、共享"的新发展理念上升为国际共识，通过创新驱动发展和结构性改革，为各国增长注入动力，使世界经济焕发活力，形成了"平等、共享、合作、开放"的全球经济治理观，推动国际货币基金组织、世界银行等国际经济金融组织切实反映国际格局的变化，特别是要增加新兴市场国家和发展中国家的代表性和发言权，推动各国在国际经济合作中权利平等、机会平等、规则平等，不断推进全球治理规则民主化、法治化、合理化。

中国特色大国外交新理念彰显了中国方略。党的十八大以来，中国特色大国外交新理念体现了中国自信开放、包容合作、气贯长虹的胸怀和风范，彰显了中国着眼当下、放眼未来、谋划长久的气魄和方略。"人类命运共同体"理念体现了超越狭隘民族国家利益、国家间关系与意识形态的全球观和世界眼光；"共建共商共享"的全球治理观体现了抛弃不合理的国际政治经济旧秩序，建立公正科学合理的新秩序新规则的勇气和决心；"新型大国关系"理念体现了 21 世纪避免大国对抗和零和博弈的新思路和新方法；"构建全球伙伴关系网络"理念体现了中国"结伴而不结盟，对话而不对抗"的全球视野和立体布局；弘扬中华优秀传统文化，让"家国天下""以和为贵""义利兼顾"等中华传统理念在世界上得到更多认同，推动不同文明交流对话、和平共处、和谐共生，中国在国际事务中的话语不断提升，体现了中国参与世界事务的自信与实力。

党的十八大以来，中国特色大国外交新理念、新思想、新倡议正在悄然改变世界。未来一段时期内，世界形势将会发生很多变化，朝鲜半岛局势持续恶化，"逆全球化"重新抬头，世界民粹主义加速发展……尽管会有各种曲折，但和平与发展仍将是时代的主题，中国参与国际事务的行动和决心将更加坚定，中国将继续着眼本国人民利益和人类共同利益，按照责任、权利、能力相一致的原则，力所能及地承担更多国际责任，积极参与国际体系改革和全球治理，推动国际政治经济秩序朝着更加公正合理方向发展。新形势下，我们要继续紧密团结在以习近平同志为核心的党中央周围，继续坚持外交为民的思想，保持定力、冷静观察、沉着应对、积极有为，为党的十九大胜利召开和全面建成小康社会提供有力保障。

参考文献

著作类

[1]《毛泽东选集》第四卷，人民出版社 1991 年版。

[2]《毛泽东文集》第六卷、第七卷、第八卷，人民出版社 1999 年版。

[3]《建国以来毛泽东文稿》第 7 册，中央文献出版社 1992 年版。

[4]《毛泽东外交文选》，中央文献出版社、世界知识出版社 1994 年版。

[5]《周恩来选集》下，人民出版社 1984 年版。

[6]《周恩来外交文选》，中央文献出版社 1990 年版。

[7]《邓小平文选》第一卷、第二卷、第三卷，人民出版社 1994、1993 年版。

[8]《江泽民文选》第一卷、第二卷、第三卷，人民出版社 2006 年版。

[9]《江泽民论有中国特色社会主义》（专题摘编），中央文献出版社 2002
年版。

[10]《胡锦涛文选》第一卷、第二卷、第三卷，人民出版社 2016 年版。

[11]《习近平谈治国理政》，外交出版社 2014 年版。

[12] 中共中央宣传部编：《习近平总书记系列重要讲话读本》，学习出版社、
人民出版社 2014 年版。

[13] 中共中央宣传部编：《习近平总书记系列重要讲话读本（2016 年版)》，

学习出版社、人民出版社 2016 年版。

[14] 习近平：《弘扬和平共处五项原则建设合作共赢美好世界——在和平共处五项原则发表 60 周年纪念大会上的讲话》，人民出版社 2014 年版。

[15]《十二大以来重要文献选编》（上），人民出版社 1986 年版。

[16]《建国以来重要文献选编》第十二册，中央文献出版社 1997 年版。

[17]《中国共产党第十六次全国代表大会文件汇编》，人民出版社 2002 年版。

[18]《中国共产党第十七次全国代表大会文件汇编》，人民出版社 2007 年版。

[19]《中国共产党第十八次全国代表大会文件汇编》，人民出版社 2012 年版。

[20] 谢益显主编：《中国当代外交史（1949—2009)》，中国青年出版社 2009 年版。

[21] 中华人民共和国外交部政策规划司编：《中国外交：2014 年版》，世界知识出版社 2014 年版。

[22] 复旦大学中国与周边国家关系研究中心编：《中国周边外交学刊 2016 第一辑（总第三辑)》，社会科学文献出版社 2016 年版。

[23] 中国现代国际关系研究院编：《"一带一路"读本》，时事出版社 2015 年版。

[24] 刘维广、吴白乙：《拉丁美洲加勒比发展报告（2014—2015)》，社会科学文献出版社 2015 年版。

[25] 阎学通：《中国国家利益分析》，天津人民出版社 1996 年版。

[26] 王劲、张新平：《当代中国与世界》，兰州大学出版社 2001 年版。

[27] 李兆祥：《近代中国的外交转型研究》，中国社会科学出版社 2008 年版。

[28] 阎学通：《历史的惯性：未来十年的中国与世界》，中信出版社 2013 年版。

[29] 宋新宁：《国际政治经济与中国对外关系》，香港社会科学出版社 1997 年版。

[30] 秦玉才、周谷平、罗卫东主编：《"一带一路"读本》，浙江大学出版

社 2015 年版。

[31] 张洁主编：《中国周边安全形势评估："一带一路"与周边战略 (2015)》，社会科学文献出版社 2015 年版。

[32] 王义桅：《"一带一路"：机遇与挑战》，人民出版社 2015 年版。

[33] ［美］詹姆斯·多尔蒂：《争论中的国际关系理论》，世界知识出版社 1987 年版。

[34] ［美］亨利·基辛格：《大外交》，顾淑馨、林添贵译，海南出版社 1998 年版。

[35] ［美］杰里米·里夫金：《欧洲梦：21 世纪人类发展的新梦想》，杨治宜译，重庆出版社 2006 年版。

[36] ［美］亨利·基辛格：《论中国》，中信出版社 2012 年版。

期刊类

[1] 王逸舟：《国家利益再思考》，《中国社会科学》2002 年第 2 期。

[2] 唐彦林：《继承与发展——三代领导集体周边外交思想比较研究》，《当代世界与社会主义》2005 年第 4 期。

[3] 张清敏：《中国对发展中国家的政策布局》，《外交评论》2007 年第 94 期。

[4] 杨福昌：《新中国外交六十年中的中阿关系》，《阿拉伯世界研究》2010 年第 1 期。

[5] 杨福昌：《中阿关系的历史与现实》，《国际问题研究》2013 年第 4 期。

[6] 陈晓东：《继往开来 共创中阿关系美好未来》，《国际问题研究》2013 年第 4 期。

[7] 曲星：《人类命运共同体的价值观基础》，《求是》2013 年第 4 期。

[8] 苏长和：《共生型国际体系的可能——在一个多极世界中如何构建新型大国关系》，《世界经济与政治》2013 年第 9 期。

[9] 金应忠：《试论人类命运共同体意识——兼论国际社会共生性》，《国际观察》2014 年第 1 期。

[10] 刘振民：《坚持合作共赢 携手打造亚洲命运共同体》，《国际问题研究》

2014 年第 2 期。

[11] 左凤荣:《共建"丝绸之路经济带"面临的机遇与挑战》,《当代世界》2014 年第 5 期。

[12] 韦宗友:《中国多边外交 60 年:成就与挑战》,《当代世界》2014 年第 10 期。

[13] 张曙光:《"类哲学"与"人类命运共同体"》,《吉林大学社会科学学报》2015 年第 1 期。

[14] 刘振民:《为构建亚洲命运共同体营造和平稳定的地区环境》,《国际问题研究》2015 年第 1 期。

[15] 阮宗泽:《构建新型国际关系:超越历史 赢得未来》,《国际问题研究》2015 年第 2 期。

[16] 王毅:《构建以合作共赢为核心的新型国际关系》,《国际问题研究》2015 年第 3 期。

[17] 刘宗义:《亚洲命运共同体的内涵和构建思路》,《国际问题研究》2015 年第 4 期。

[18] 孙敬鑫:《"一带一路"建设面临的国际舆论环境》,《当代世界》2015 年第 4 期。

[19] 刘振民:《坚持合作共赢 促进亚太和平稳定》,《国际问题研究》2015 年第 6 期。

[20] 刘传春:《人类命运共同体内涵的质疑、争鸣与科学认识》,《毛泽东邓小平理论研究》2015 年第 11 期。

[21] 王毅:《中国特色大国外交的全面推进之年》,《国际问题研究》2016 年第 1 期。

[22] 阮宗泽:《人类命运共同体:中国的"世界梦"》,《国际问题研究》2016 年第 1 期。

[23] 张蕴岭,任晶晶:《中国周边安全形势评估报告》(2015—2016),《中国周边外交学刊》2016 年第一辑。

[24] 王存刚:《论当代中国的国际正义理念》,《世界经济与政治》2016 年第 3 期。

[25] 叶小文:《人类命运共同体的文化共识》,《新疆师范大学学报》2016

年第 3 期。

[26] 丛占修：《人类命运共同体：历史、现实与意蕴》，《理论与改革》2016 年第 3 期。

[27] 贺双荣：《构建中拉"命运共同体"：必要性、可能性及挑战》，《拉丁美洲研究》2016 年第 4 期．

[28] 陈向阳：《以"人类命运共同体"引领世界秩序重塑》，《当代世界》2016 年第 5 期。

[29] 赵可金：《通向人类命运共同体的"一带一路"》，《当代世界》2016 年第 6 期。

[30] 卢光盛：《澜沧江—湄公河合作机制与中国—中南半岛经济走廊建设》，《东南亚纵横》2016 年第 6 期。

[31] 徐艳玲、陈明琨：《人类命运共同体的多重建构》，《毛泽东邓小平理论研究》2016 年第 7 期。

[32] 贺来：《马克思哲学的"类"概念与"人类命运共同体"》，《哲学研究》2016 年第 8 期。

[33] 王毅：《中国特色大国外交攻坚开拓之年》，《国际问题研究》2017 年第 1 期。

报纸类

[1]《江泽民在法国发表重要讲话》，《人民日报》1994 年 9 月 13 日。

[2] 胡锦涛：《携手建设持久和平、共同繁荣的和谐亚洲——在亚洲相互协作与信任措施会议成员国领导人第二次会议上的讲话》，《人民日报》2006 年 6 月 18 日。

[3] 习近平：《更好统筹国内国际两个大局，夯实走和平发展道路的基础》，《人民日报》2013 年 1 月 30 日。

[4] 习近平：《进一步关心海洋认识海洋经略海洋　推动海洋强国建设不断取得新成就》，《人民日报》2013 年 8 月 1 日。

[5] 习近平：《弘扬人民友谊　共创美好未来——在纳扎尔巴耶夫大学的演

讲》，《人民日报》2013 年 9 月 8 日。

[6] 习近平：《携手建设中国—东盟命运共同体——在印度尼西亚国会的演讲》，《人民日报》2013 年 10 月 4 日。

[7] 习近平：《编织更加紧密共同利益网络》，《人民日报·海外版》2013 年 10 月 26 日。

[8]《习近平接受俄罗斯电视台专访》，《人民日报》2014 年 2 月 9 日。

[9]《在中法建交五十周年纪念大会上的讲话》，《人民日报》2014 年 3 月 29 日。

[10]《中德携手合作造福中欧和世界》，《人民日报》2014 年 3 月 29 日。

[11]《习近平同欧洲理事会主席范龙佩举行会谈》，《人民日报》2014 年 4 月 1 日。

[12]《实现中华民族伟大复兴中国梦的正确指引（深入学习贯彻习近平同志系列重要讲话精神）》，《人民日报》2014 年 4 月 24 日。

[13] 习近平：《积极树立亚洲安全观　共创安全合作新局面——在亚洲相互协作与信任措施会议第四次峰会上的讲话》，《人民日报》2014 年 5 月 22 日。

[14]《弘扬丝路精神，深化中阿合作》，《人民日报》2014 年 6 月 6 日。

[15] 习近平：《弘扬和平共处五项原则　建设合作共赢美好世界——在和平共处五项原则发表 60 周年纪念大会上的讲话》，《人民日报》2014 年 6 月 29 日。

[16]《加快推进丝绸之路经济带和二十一世纪海上丝绸之路建设》，《人民日报》2014 年 11 月 7 日。

[17]《习近平出席亚太经合组织工商领导人峰会开幕式并发表主旨演讲》，《人民日报》2014 年 11 月 10 日。

[18]《中央外事工作会议在京举行》，《人民日报》2014 年 11 月 30 日。

[19]《推动共建丝绸之路经济带和 21 世纪海上丝绸之路的愿景与行动》，《人民日报》2015 年 3 月 29 日。

[20]《借鉴历史经验创新合作理念　让"一带一路"建设推动各国共同发展》，《人民日报》2016 年 5 月 1 日。

[21] 王毅：《构建以合作共赢为核心的新型国际关系——对"21 世纪国际关系向何处去"的中国答案》，《学习时报》2016 年 6 月 20 日。

[22] 习近平：《携手共创丝绸之路新辉煌——在乌兹别克斯坦最高会议立

法院的演讲》,《人民日报》2016 年 6 月 23 日。

[23]《总结经验坚定信心扎实推进　让"一带一路"建设造福沿线各国人民》,《人民日报》2016 年 8 月 18 日。

[24]《中华人民共和国和沙特阿拉伯王国联合声明》,《人民日报》2017 年 3 月 19 日。

网站类

[1] 中华人民共和国中央人民政府网站

[2] 中华人民共和国国务院网站

[3] 中华人民共和国外交部网站

[4] 中国共产党新闻网

[5] 新华网

[6] 人民网

[7] 光明网

[8] 央广网

[9] 环球网

后 记

为推动学习十八大以来马克思主义最新理论成果，学习十八大以来党中央治国理政新理念新思想新战略，了解党和国家事业、任务与目标，大力推进马克思主义中国化最新理论成果的研究阐释工作，更好地推进中国特色社会主义各项事业发展，兰州大学马克思主义学院特组织有关专家学者精心编写了"马克思主义中国化最新理论成果十题"系列研究丛书，《中国特色的大国外交战略》就是其中之一。

本书以党的十八大以来中国外交实践与理论创新为主线，在认真学习习近平总书记关于中国对外政策系列重要讲话精神的基础上，结合中国政府重大外交实践，从八个方面系统梳理了十八大以来以习近平同志为核心的党中央关于中国特色大国外交的战略思想。力图能够较全面和准确地展示党的十八大以来中国政府的外交战略。

本书是集体劳动的成果，本书的大纲和内容框架由张新平设计，杨荣国、蒋海蛟提出了重要的意见和建议。在编写过程中，为了使整本书逻辑严密、结构连贯、语言统一，编写组全体成员多次进行集中讨论，张新平对各章的编写进行了全面细致的指导。本书撰写分工情况如下：

前　言　张新平

第一章　杨荣国

第二章　成向东

第三章　张新平　高正波

第四章　张新平　庄宏韬

第五章　杨荣国

第六章　李士尧　张立国　代家炜　王婉君

第七章　李凌羽

第八章　蒋海蛟

结　语　张新平　蒋海蛟

全书由主编张新平统稿、修订。

在写作过程中，本书参阅并吸收了国内国际问题研究领域著名专家的研究成果，在此表示感谢。由于本书写作时间仓促，加之笔者研究水平有限，书中难免有不妥之处，恳请读者批评指正。

编　者

2017 年 3 月 30 日

责任编辑：陈佳冉
封面设计：王欢欢

图书在版编目（CIP）数据

中国特色的大国外交战略 / 张新平 主编 . —北京：人民出版社，2017.7
（马克思主义中国化最新理论成果十题 / 张新平总主编）
ISBN 978－7－01－017949－0

Ⅰ.①中…　Ⅱ.①张…　Ⅲ.①外交战略－研究－中国　Ⅳ.①D820

中国版本图书馆 CIP 数据核字（2017）第 175884 号

中国特色的大国外交战略
ZHONGGUO TESE DE DAGUO WAIJIAO ZHANLÜE

张新平　主编

蒋海蛟　杨荣国　副主编

人民出版社 出版发行
（100706　北京市东城区隆福寺街 99 号）

涿州市星河印刷有限公司印刷　新华书店经销

2017 年 7 月第 1 版　2017 年 7 月北京第 1 次印刷
开本：710 毫米 ×1000 毫米 1/16　印张：17.75
字数：195 千字

ISBN 978－7－01－017949－0　定价：58.00 元

邮购地址 100706　北京市东城区隆福寺街 99 号
人民东方图书销售中心　电话：(010) 65250042　65289539